侨批中的党史

江门侨批活化探研

中共江门市委宣传部 编

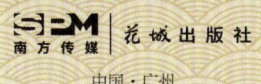

花城出版社

中国·广州

图书在版编目（CIP）数据

侨批中的党史：江门侨批活化探研 / 中共江门市委宣传部编. — 广州：花城出版社，2023.7
ISBN 978-7-5360-7111-7

Ⅰ. ①侨… Ⅱ. ①中… Ⅲ. ①华侨－档案文献－汇编－江门②中国共产党－地方组织－党史－史料－江门 Ⅳ. ①D634.3②D235.653

中国国家版本馆CIP数据核字(2023)第138319号

出 版 人：张　懿
责任编辑：陈诗泳　欧阳佳子
责任校对：汤　迪
技术编辑：林佳莹
封面设计：集力書裝 彭力

书　　名	侨批中的党史：江门侨批活化探研
	QIAOPI ZHONG DE DANGSHI：JIANGMEN QIAOPI HUOHUA TANYAN
出版发行	花城出版社
	（广州市环市东路水荫路11号）
经　　销	全国新华书店
印　　刷	广州市岭美文化科技有限公司
	（广州市荔湾区花地大道南海南工商贸易区A栋）
开　　本	880毫米×1230毫米　32开
印　　张	9.5　1插页
字　　数	200,000字
版　　次	2023年7月第1版　2023年7月第1次印刷
定　　价	48.00元

如发现印装质量问题，请直接与印刷厂联系调换。
购书热线：020-37604658　37602954
花城出版社网站：http://www.fcph.com.cn

《侨批中的党史》编委会

主　编：陈　冀

副主编：刘　进　　张国雄

编　委：（以姓氏笔画为序）

　　　　石　岩　　沈文金　　张永源　　张荣池　　陈科明

　　　　高东辉　　高钢华　　曾永武

前　言

　　侨批是海外华侨通过海内外民间机构汇寄至国内的汇款暨家书，是一种信、汇合一的特殊邮传载体，2013年入选《世界记忆遗产名录》。江门是侨批保护研究的前沿重镇，拥有侨批文献近5万件，国内现存最早的侨批也出自江门。2020年习近平总书记到广东视察期间强调，"侨批"记载了老一辈海外侨胞艰难的创业史和浓厚的家国情怀，也是中华民族讲信誉、守承诺的重要体现。习近平总书记关于加强侨批文物保护利用的重要指示，为江门深入挖掘侨批中所蕴含的诚信观念和家国情怀，让"侨批"焕发新的活力，做好新时代"侨"的文章指明了方向，在江门侨都大地掀起活化传承创新发展侨批研究成

果新高潮。

　　侨批是不可复制、不可替代、不可再生的重要文物资源。如何保护好、活化好侨批文物，是新时期推动中华优秀传统文化实现创造性转化、创新性发展的行动实践。近年来，中共江门市委宣传部统筹实施侨批保护活化利用"十大行动"，从历史尘埃中挖掘侨批的文化内涵，以时代化的视角讲好侨批故事，用潮流化的包装让侨批展现时尚魅力，实现了侨批文化价值融入生活，广泛传播。结合党史学习教育，江门开全国先河，率先探索了侨批研究新路径，将侨批故事置于百年辉煌党史坐标中去观察解读，用百年华侨史雄辩证明了中国共产党为什么能，中国特色社会主义为什么好。

　　为总结近年来江门开展侨批党史挖掘、研究、活化、发展的最新成果，中共江门市委宣传部特编辑出版《侨批中的党史——江门侨批活化探研》。该书总结了江门在侨批活化中的一些经验做法，收录了被广泛传播的16个侨批中的党史故事，遴选了部分专家学者对侨批活化研究的理论文章，就如何从党史的角度解读侨批，如何运用传播的手段助推文物活化利用等，进行了粗浅的探索，希望能够抛砖引玉，推动社会各界更加关注侨批文化，进一步推进侨批中的党史挖掘工作，让侨批文化在创造性转化、创新性发展中闪耀时代光芒。

　　由于时间仓促、水平有限，书中有许多不足之处在所难免，敬请批评指正。

代序

一封家书诉百年党史
咫尺素笺载家国情长

——"侨批中看党史","侨"见中国共产党的伟大

中共江门市委常委、宣传部部长 陈冀

家书抵万金,即使不在烽火连天的岁月,每封家书自古以来都承载着浓浓的血肉亲情,游子远行、夫妻分离、亲友异地,家书始终是突破山海阻隔、延续亲情友谊的"带着体温的纽带"。而在侨乡,有一种名为"侨批"又叫"银信"的特殊家书,静静地流淌在岁月的长河里,如诉如泣,如歌如诗,记录着家、城、国的故事。

侨批被国学大师饶宗颐称誉为"侨史敦煌",是一种"信件"与"汇款单"合一的邮传载体,真实记录了海外华侨华人历史,已被列入《世界记忆遗产名录》。在江门五邑地区,侨批更多被称为"银信"。江门的侨批以其数量多、历史跨度长、覆盖范围广、内容丰富

等特点，在世界记忆遗产保护中具有独特的重要地位，成为江门不可多得的"国宝级"文化资源。

习近平总书记指出，要加强对中华优秀传统文化的挖掘和阐发，使中华民族最基本的文化基因与当代文化相适应、与现代社会相协调，把跨越时空、超越国界、富有永恒魅力、具有当代价值的文化精神弘扬起来。要推动中华文明创造性转化、创新性发展，激活其生命力，让中华文明同各国人民创造的多彩文明一道，为人类提供正确精神指引。

如何挖掘、包装、传播、活化这些"老物件"，与社会主义核心价值观融为一体，使这些传统的文化宝藏得到创造性转化和创新性发展始终是一道重要的时代命题。习近平总书记2020年在视察广东时强调："'侨批'记载了老一辈海外侨胞艰难的创业史和浓厚的家国情怀，也是中华民族讲信誉、守承诺的重要体现。要保护好这些'侨批'文物，加强研究，教育引导人们不忘近代我国经历的屈辱史和老一辈侨胞艰难的创业史，并推动全社会加强诚信建设。"总书记的指示精神为新时期保护活化侨批指明了方向、提供了根本遵循，也点燃了这一"老物件"的关注热度。

> 顺势而为，应时而生，"侨批中看党史"从灵感"冒泡"到落地实践，成为讲述好百年党史的江门创举

2021年以来，全国各地都在开展特色鲜明、形式多样的党史学习教

育,如何充分利用本土地域特色资源,使党史学习教育更具特色、更"接地气"、更聚人心呢?从地域资源出发,以华侨华人为对象,讲述好百年党史中广大华侨华人与中国共产党的故事,是江门开展党史学习教育的重要思考方向。如何将侨乡独一无二的文化宝藏——侨批置身于百年辉煌党史的坐标中进行观察解读,又将会碰撞出怎样的火花?当我抛出这一构想时,侨批研究专家、博物馆学者、民间收藏达人、媒体人士眼前一亮,迅速响应,但"从侨批中看党史"是一个全新的视角维度,没有现成的研究方法和成果,大家只能一头扎进故纸堆里寻找答案。"万物有所生,而独知守其根。"我们坚信,地方性的就是中国性的、世界性的。

从时间维度上来看,侨批集中产生的年代与百年党史有着很长跨度的时间交集,鸦片战争后,列强欺凌、政治腐败、社会动荡、民生凋敝,华南沿海大量百姓出洋谋生,华侨出国后就产生了大量侨批,一直持续到20世纪70年代。这些大量的家书漂洋过海,跨越了一个世纪的岁月沧桑,正好映照着中国共产党革命、建设、改革等历程。

从内容维度上来看,侨批从个人家庭的视角对党的建设发展历程有着很多直观反映和多重映射。即使有的书信没有直接谈及革命、共产党,但其反映的国内外现实正好说明了共产党革命的正义性与人民性,符合历史现实的大势,这也正是百余年来侨胞们孜孜以求的梦想,印证了与中国共产党为人民谋幸福、为民族谋复兴的理想追求的一致性。因而,创新性地挖掘"侨批中的党史"的研究就具有了非常现实的可行性,这坚定了我们的信心。

然而,"言知之易,行之难"。在翻箱倒柜、掘地三尺、细磨

深研后,我们才艰难找到了切合主题的第一封侨批!这是1953年印尼华侨陈金秀写给大哥陈成长的家书,记载着兄妹二人虽相隔两地数十年,仅凭一封封银信、一句句简短的问候寄托思念之情,还强烈地表达了海外华侨对新中国成立后发生巨大变化的欣喜,更反映了华侨对中国共产党的拥护和支持,以及渴望早日回到祖国的期盼。而他们的父亲还给三个孙子起名为"宝华、宝侨、宝强,连起来是华侨强"。

陈金秀在侨批中这样写道:"亲爱的大哥大嫂:解放后的新中国,在短短的三年当中,全国一切的一切都换(焕)然一新……我自己也常常看《人民画报》……中国人民在伟大的中国共产党和毛主席正确领导下获得了彻底的解放。强大、自由、独立、幸福的新中国已屹立在世界上。中国人民成为真正的主人翁了……"

更令人欣喜的是,我们还如愿找到了陈金秀的哥哥——94岁老人陈成长,侨批中的主人翁从历史中走出来,他由衷地说:"只有大家和平发展,小家才能幸福生活。因为战乱,我与父亲、妹妹相隔两地多年,如今在党的领导下,亲人们魂牵梦萦的家乡的发展日新月异,才让我和妹妹如愿重逢。没有共产党,就没有新中国,也就没有我们今天这样的幸福生活。"这些寻常人家的家书带着浓烈真挚的感情,更具有打动人心的力量。

第一封"侨批中的党史故事"通过媒体宣传开来,迅速引起了社会广泛关注,特别在海外华侨华人中引起了强烈反响。有党史、侨史专家高度评价,认为挖掘侨批中的党史为党史和国史研究提供了新材料、新视野、新方法、新观点,为党史学习教育提供了一个崭新的平台，值得持续深挖、借鉴推广。社会各界的充分肯定为深入挖掘侨批中的党史故事坚定了信心，打开了思路。

> **全面挖掘，深入解读，"侨批中的党史"从一纸家书到一纸千金，成为华侨华人爱国爱乡拥护党的领导的生动见证**

俗话说"万事开头难"，好的开端就成功了一半。随着挖掘、研究、解读的不断深入，一切势如破竹地顺利推进，"侨批中的党史"的独特价值更加显现，一封封辉映百年党史的侨批从历史的尘埃中走出来跳入公众的眼帘，其内容之丰、范围之广、角度之多、情感之真，令我们如获至宝、欣喜万分、感动于心。

这些"跨越山海的家书"有出自著名侨领之手，有来自政府官员的回应，更多产生于平民，但无论贫富贵贱，"恋家""思乡""爱国"都无一例外地成为所有信件的内容主题及情感主线，咫尺素笺，纸短情长。我总在想，在那个没有电话、邮件、微信的年代，远隔重洋见面比登天还难的一家人，是如何靠着这一纸薄薄的家书，维系着家人亲情、夫妻感情、情侣恋情？如何表达着他们内心的惆怅、欢喜与悲伤？又是如何寄托着对家的想念、对乡的挂牵、对国的热爱？透过这些泛黄的侨批，依稀能看到彼岸写信人的笃定深情以及家中读信人的急切渴望。

在解读这一批挖掘的家书中，有一对父子，40多年来虽不能常伴左右，但就是靠着这一纸家书陪伴着彼此的成长。儿子珍藏的40多封父

亲当年亲笔写下的家书，犹如灯塔一样引领着儿子人生的每一个重要抉择，家书里带着的侨汇在艰难的岁月里照亮了全家的希望。这位父亲反复在书信中提到："我唯一理想，就是有机会返回祖国去与我家人团聚。"他反复叮嘱孩子们："不仅要爱家，更要爱国。"可惜因种种原因，最终父亲等不到归期，长眠异乡。如今儿子已功成名就，却在心中留下了一个令人唏嘘的故事、一段难以释怀的乡愁以及一生永难实现的心愿。

不少幸运的华侨在1949年中华人民共和国成立后，怀着赤子丹心，克服种种困难，从世界各地回到当时百废待兴的故土，投身社会主义建设。华侨梁葆常一家的故事正是当时众多归国华侨的缩影。他在阔别祖国家人20多年后，毅然地将资产转回国内并放弃了海外入籍，回到了祖国，他在信中说："天亮了！我们中华民族受外人所欺的奇耻大辱，用我们勇士的血来洗涤净尽了……""我可以说我已结束了可悲的海外生涯了，回到光明康庄的祖国了！许多人未同意我的见解，但我用行动来参加了革命队伍里。"赤子丹心，其诚可鉴。

生活在和平年代，很难感同身受地体会到海外游子对家国的眷恋与深情，更何况他们身处那动荡的艰难岁月。海外侨胞浓厚的家国情怀，希望祖国独立、富强、民主，是他们念兹在兹的不懈追求与信念。拳拳赤子心、殷殷爱国情跃然字里行间。

习近平总书记指出，每到重大历史关头，文化都能感国运之变化、立时代之潮头、发时代之先声，为亿万人民、为伟大祖国鼓与呼。同样在侨批的故事里，家、城、国无论是重大变迁还是细微变化，都牵动着海外游子赤诚的中国心，都留存着浓厚的家国情怀的写照。

"在史书中写下光辉的一页,这一页震荡了整个世界,使世界每一个角落都在议论纷纷。祖国的前途,使生活在祖国大陆上的人民不可忽视。作为中国人的一员,值得自豪。"1964年中国第一颗原子弹爆炸成功,一位江门籍海外华侨在信中这样表达倍感自豪的心情。而当时这样的书信往来是要突破海关审查的,这段文字得以留存下来实属不易,更可窥见其喜悦心情溢于言表。

除了对大事的记录赞叹,还有很多变迁点滴在家书中被提及。如在广州解放初期,归侨赞叹,解放军进兵迅速,军纪严明;好政策推动企业发展,华侨企业家满心喜悦由衷称赞;有华侨点赞新中国婚姻法为"天法",一夫一妻制真正实现男女平等;还有华侨详细记录香港张灯结彩庆新中国国庆,见证了香港同胞爱国心;等等。

透过一封封侨批,还能读到华侨群体在政治上的不断成熟成长以及对中国未来高超的洞察力。著名侨领司徒美堂在1948年10月23日写给毛泽东、周恩来的信中说:"美堂奔走革命六十余年,深信民主政治必须实现。"司徒美堂是从华工成长起来的爱国侨领、世界洪门领袖,他的政治态度具有广泛的代表性和影响力,不仅他自己坚定追随中国共产党,而且作为爱国侨领,在他的影响下,广大海外侨胞也认清了中国的政治领导力量所在,选择了追随中国共产党。

华侨余礼津有一封写于20世纪20年代的书信,虽然话语不长,但内容却预见了未来的中国。信件精要的内容不仅见证了当年中国工人运动产生的社会影响力,可以窥视当年华侨对工人阶级力量的认可和期望,更看见了中国革命的未来和希望所在。他在信中讲述了香港海员大罢工和省港

大罢工在经济上、政治上给英帝国主义以沉重打击，显示了中国工人阶级的伟大力量和奋斗精神，而且锻炼了工人阶级队伍，激发了中国人民反帝反封建的斗争热情，也为中国共产党后来的革命事业储备了领导力量。"自此次罢工风波之后，在英人方面其态度略见和平，至于在港奸商以（与）卖国之徒，亦见下气。"他进而在信中说："倘再进一步，则我中国未可限量也。"中国共产党成立以来，坚守为中国人民谋幸福、为中华民族谋复兴的初心和使命，带领中国人民从站起来、富起来，走向强起来，历史的发展印证了余礼津当年的远见和准确超前的判断力。

令人印象深刻的还有一位重病在身的老华侨许满大写给家人5000字的临终遗言，在生命的最后时光，他仍谈国事多、家事少，把一生对家国的情感浓缩到信中。他在这封家书中向儿女讲述了自己在美国的经历和感受，介绍自己所观察到的美国社会状况，同时通过对比判断出新中国的发展趋势，对新中国的发展充满憧憬和信心。如"国家为万世万民永久之基业""无知者未见出过外国实未知国家之重要性，未受过外国人之欺凌侮辱与迫（剥）削，未明白外人之强力与思想，所以无知者不明新祖国之国家主义实意诚理"。当年其子女面对国内生活方面的困难，也有出国谋生的打算。许满大认为不可取，他认为，青年人不应该因为国家暂时的困难而逃避，他在信中写道："身为男子，生于斯，长于斯而育（于）斯，应尽爱国保家之责，当今祖国建设难苦之期，无论何人不能逃被（避），如有逃被（避）者，是为国与家之大逆不道，而无爱国保家之责任心，该不能成为新中国之公民，仍（然）而新中国亦应当不必要如此等莫须有、无责任心之公众逃民。"

他还对后代表达了这样的希望——"我寄语中华之青年人加倍努力，为国为家为人民公众后世子孙之乐园而斗争。"在那艰难的年代，一位普通华侨能有如此高洁的思想境界，实属难能可贵，令人肃然起敬。

承载着深沉厚重的家国情怀的侨批一直延续到改革开放时期。改革开放后，我国推出了一系列促进海外华侨回乡参与祖国改革开放事业的好政策，让海外的华侨华人感到无比兴奋，也使得海外华侨积蓄内心多年的念祖爱乡的赤子之情得以尽情迸发。捐资家乡建设成了很多华侨华人集中的情感表达。如海外华侨华人邓奕豪、余年富分别在侨批中表示，要积极参与家乡的建设，并将当时先进的汽车、录音机等设备捐赠回家乡，他们在信中写道："更希望祖国昌盛和强大，我们海外侨胞有好靠山。"

而在所有发掘的侨批中，最令人动容的是一封"寻子侨批"，它引出的是一个让人动容深思的"爱国卖子"的真实故事。为支援祖国抗日战争，1940年，在南洋谋生的江门籍华侨郑潮炯和妻子决定将刚出生40天的儿子卖给一位华侨商人作为养子，签下卖子契约，将换来的80元钱全部捐给了抗日筹赈会。从抗日战争全面爆发到1942年，短短5年时间里，郑潮炯跑遍了南洋戏院、茶楼、码头、车站等，劝说侨胞为祖国抗日战争捐款，并把筹集的18万元义款全数交给以陈嘉庚先生为主席的南洋华侨筹赈总会。在五邑华侨华人博物馆里，矗立着卖子救国的郑潮炯的雕塑，被代代传颂，而保存下来的当年郑潮炯卖子契约的背面，写了两个大字——血书！

因为对儿子的思念，抗战胜利后，郑潮炯夫妇就开始到处探听、寻找儿子的下落，虽用尽了各种方法都未能成功。新中国成立后，在

朋友的建议下，夫妻俩抱着再试试看的想法给新中国政府寄了求助信。没想到这一不太抱有希望的举动，却给这对苦苦思念儿子的夫妇带来了意外惊喜。1965年2月下旬的一天，也就在寄出信件3个月后，郑潮炯意外地收到一封来自中华全国归国华侨联合会的信函，更令他惊喜万分的是，在这封回批中［注：“回批”是指侨眷或侨眷委托侨批递送机构在收到侨批后写给海外寄批（信）人的回头信］，他们分隔了20多年的亲生儿子在国家多部门接力帮助下成功找到了！从此，骨肉得以相认相见，分隔20多年的亲人在新加坡与广东之间架起了书信往来的桥梁。这两封特殊的侨批与回批的书信往来的故事，见证了华侨对党领导的中国革命、建设、改革事业的支持、拥护和参与，更见证了新中国党和政府的爱侨情深。

"从侨批中看党史"，一个个鲜活的故事被挖掘出来，这些串联过去、现在和未来的家书，见证着昨日，观照今朝，穿越时空，我们依然还能感受到来自海外侨胞的音容笑貌，让我们从全新的维度深切地感受到国家之变、大党之伟、人民之幸、丹心之坚，激发起内心更强大的精神力量。

> 潮流包装，活化赋能，"侨批中的党史"从深藏闺中到"破壁"出圈，成为江门奋力书写传承创新优秀传统文化的崭新答卷

习近平总书记指出，"在5000多年来文明发展进程中，中华民族

创造了博大精深的灿烂文化，要使中华民族最基本的文化基因与当代文化相适应、与现代社会相协调，以人们喜闻乐见、具有广泛参与性的方式推广开来，把跨越时空、超越国界、富有永恒魅力、具有当代价值的文化精神弘扬起来，把继承传统优秀文化又弘扬时代精神、立足本国又面向世界的当代中国文化创新成果传播出去"。

侨批的保护活化利用遇到了最好的传播时代，我们用潮流的表达方式对侨批进行立体化的包装，用微电影、图文、视频、海报、H5等多种形式将一个个感人的侨批故事生动形象地展示在世人面前，让发黄的文字转化为可读可亲可感可悟的融媒体产品。一年来，用全新视角包装推出的16期《侨批中的党史》短视频、100余件融媒体产品，全网阅读量超过650万次，让这一世界记忆遗产焕发新光彩，而每一期"侨批中的党史"都以丰富的内涵、饱满的情感、通俗的解读、创新的形式呈现出来，成了各大媒体和海内外受众争相报道传阅的炙手可热的抢手货。侨史专家对《侨批中的党史》的挖掘传播工作给予高度评价和认可，纷纷自发将作品向海外专家学者转发，"侨批中的党史"项目还被评为第八届"粤治—治理现代化"优秀案例。2021年海内外超过100家主流媒体对五邑侨批活化工作进行报道，发布信息稿量超过1.2万条次，阅读量超过1.3亿人次。江门五邑侨批专题成功挤入中央广播电视总台制作的纪录片《跨越山海的家书》并于首集刊播。

与此同时，我们还探索运用这些与海内外广大华人华侨有强烈情感共鸣的"老物件"进行对外文化交流，综合运用大众传播、群体传播、人际传播等多种方式展示侨乡世界文化遗产。我们通过海外工

作公众号以及华人华侨的微信群、朋友圈、社交媒体等私域空间传播《侨批中的党史》,直接覆盖美洲、大洋洲、东南亚及港澳地区的100多个江门籍海外乡亲社团,不少海外乡亲看到后,纷纷表示:"非常感动,一封封侨批饱含父辈对家乡的深情,也从侧面见证了中国共产党的伟大!"依托"亲情中华为你讲故事网上夏令营"(江门营),组织美国、马来西亚、多米尼加等国的华裔青少年收看"侨批中的党史"的故事视频,让这些华裔青少年在体悟先侨爱国情怀的同时,更加直观、全面、准确地了解中国共产党真实且伟大的光辉历程。

文物活化利用需要理论研究为基础,我们率先成立了侨批文化保护活化研究中心,举办了全国首个"侨批中的党史"学术研讨会,深度推进五邑侨批资源向学术研究成果高质量转化,通过"侨批中的党史"挖掘活动,深入挖掘侨批的历史价值和时代意义,赓续侨批文化血脉,夯实侨乡文化自信根基,并以侨批为题探索回答了"推动中华优秀传统文化创造性转化和创新性发展"的时代课题。

正如专家所言,"研究侨批中的党史为保护活化侨批开辟了崭新的天地"。当前侨批研究更多集中在华侨精神、中国文化以及近代华侨史、家族史、经济史、社会史、金融史、邮政史、中外交通史、国际关系史等方面,从侨批中发掘研究党史是一个全新的维度。开展侨批中的党史研究弥补了侨批研究中最重要的一环,为侨批的活化利用提供了更加广阔的空间和丰厚的沃土;同时,激发了海外华侨华人爱国爱乡的情怀,助力画出最大的同心圆。

丰富的侨批资源也为研究侨批中的党史提供了大量素材。书信是历史研究中的重要佐证载体，华侨的书信从第三者的视角去印证审视历史，更富真实性、更具客观化、更有动人感。从华侨书信的角度去解读、观察中国共产党党史在国内几乎还是空白。从侨批出发，挖掘华侨书信中的党史故事，为研究党史开辟了全新的视角，使党史解读折射出来的温暖柔软的人性光芒，显得更立体丰满、更入脑走心。

我们深知，作为《世界记忆遗产名录》的侨批更是海内外中国人的一段集体记忆，"侨批中的党史"发掘活动只是做"活"侨批文化"小试牛刀"的创新之举，侨批活化任重道远，要继续在潮流包装上下功夫，在海外华侨华人的年轻一代人上下功夫，更加注重侨批活化的体验感，打通侨批活化新路径，真正让侨批活化产品有意义有意思，实现"老物件"创造性转化和创新性发展，让侨批文化焕发时代光彩。

我们努力让侨批跃入大众视野。2021年以来，带着侨批走出深闺，从江门到广州、到北京举办展览，让更多更广人群一睹侨乡独特的文化宝藏，赢得媒体争相报道，引起社会各界广泛兴趣，掀起一股侨批热。江门五邑侨批（银信）专题展览被列入"2021年广东省弘扬社会主义核心价值观主题展览"名单，展现了海外侨胞热爱祖国、情系故里的家国情怀，吃苦耐劳、自立自强的民族精神，笃诚守信、讲义修睦的高尚品质，擦亮世界记忆遗产文化名片。

我们尝试让侨批插上时尚之翼，用艺术的方式打开，陆续推出侨批题材的戏剧、歌曲、文创等一批文艺创作产品，以姊妹篇的文艺作品创排展演助力"侨批中的党史"传播表达，推动侨批文化"破壁"

出圈。创排的舞剧《侨批·家国》已于2021年金秋时节成功首演,呈现了一部有高度、有创意、有温度的侨批原创剧作,擦亮了世界记忆遗产的城市名片,创下了"低成本高品质"的艺术精品范例,也是江门作为全国首个"中国舞蹈之城"的城市形象的展示呈现,现场吸引了来自美国、法国等地侨胞侨领、专家学者和媒体代表观演;同时,启动五邑银信全球征集活动,实现党史学习教育的对象由党内向全社会延伸,地域由侨乡向港澳、向世界延伸,引起强烈情感共鸣。中央广播电视总台新闻联播专题进行了报道,海内外媒体给予了大量大篇幅的报道。而创排的大型沉浸式诵读剧《侨批·中国》也于2021年12月成功首演,以家书诵读的走心的艺术形式感动了广大观众。本土的文艺工作者也纷纷通过各种文艺形式激情创作,如创作传唱侨乡歌曲《一纸情长》,用侨乡"卖鸡调"民谣的艺术感染力,让侨批以文艺作品的形式逐渐成为侨乡城市文化标签,温润人心。

"遗产活化好不好,就看解读妙不妙。"我们坚持将诠释侨批文化与培育弘扬社会主义核心价值观相结合,创新性地以快递小哥为载体,挖掘昔日侨批传递者——"巡城马"精神,举办"学史力行·一马当先·全城寻'码'学党史"——江门快递小哥争当新时代"巡城马"系列活动,开展全城寻"码"学党史等三大主题活动,让快递小哥化身党史传递者、文明风尚的传播者、"巡城马"精神的传承者,超过3500名快递(外卖)小哥参与活动,4万人次参与扫码学党史活动。只有做好了侨批文化的解读工作,才能使各级政府部门和广大人民群众真正认识到侨批文化蕴藏的巨大历史价值、文化价值、时代价值，从而进一步促进侨批文化遗产保护和利用工作的推进。

让文物"活"起来，把教育"融"进去，让思想更好"悟"，把精神"传"下去。通过家书的重读，激发起侨乡人的家乡自豪感和国家荣誉感，这始终是我们创新策划"侨批中的党史"打响党史学习教育品牌的探索实践与初心目标。

道虽远，行则必至。有着"中国著名侨乡"美誉的江门，侨特色是其中熠熠生辉的宝贵资源，而最不可多得的是，作为地级市拥有着两张让人骄傲的世界级文化名片，一为碉楼，二为侨批。如果说碉楼是有形的，那么侨批则是无形的。如今，"做好侨批资源活化利用"被纳入市委全会报告，列入江门"十四五"规划和文化发展改革重要任务。在打造"侨批中的党史"党史学习教育品牌中，我们深刻地感到，中华优秀传统文化创造性转化和创新性发展，将大有可为空间，要勇于回答好时代课题，不断挖掘主题、捕捉创新灵感，反映时代巨变，描绘精神图谱，我们的探索才刚刚开始。

（此文刊载于《新华每日电讯》专栏《草地周刊》2022年4月15日）

侨批中的党史

江门侨批活化探研

目录

contents

001　第一章　侨批研究的路径探索

　　007　把跨越时空、超越国界、富有永恒魅力、具有当代价值的文化精神弘扬起来

051　第二章　从16封侨批中看百年党史

　　053　"倘能从此做去再进一步，则我中国未可限量也"
　　　　——从英国回到香港的华侨余礼津20世纪20年代写给亲人的一封侨批

　　063　"组成人民联合政府，乃解决国内政治唯一之方法"
　　　　——司徒美堂1948年写给中央领导的一封侨批

　　071　"我用行动来参加了革命队伍里"
　　　　——加拿大华侨梁葆常1949年给新会妻子的一封侨批

　　081　"解放军进兵迅速，军纪严明，小号幸无损失"
　　　　——商户黎松1949年给开平归侨怀国先生的一封侨批

　　087　"望广为宣传，发动侨胞热烈投资于此一公私两利之事业"
　　　　——时任台山县人民政府县长谢永宽1950年写给美国华侨陈厚父的一封侨批

　　095　"今日的政府，真正系为大众谋利益"
　　　　——美国华侨谢汝健1952年写给开平妻子的一封侨批

　　108　"人民政府保障人民利益"
　　　　——菲律宾华侨伍尚厚1952年写给旅美华侨叔叔伍时洽的一封侨批

119 "海外的华侨都一批一批的（地）投入祖国的怀抱里"
　　——印尼华侨陈金秀1953年写给新会大哥大嫂的一封侨批

128 "今日新祖国咁好，有天法制定，一夫一妻制"
　　——美国华侨朱如珠1956年写给台山妹妹的一封侨批

136 "如今祖国工业及工厂日渐兴旺……"
　　——台山华侨李礽畅1958年写给儿子儿媳的侨批

145 "祖国今日之局势将定必向荣"
　　——旅美华侨许满大1959年写给国内子女的一封侨批

164 "适逢十一国庆节到来，本港热爱祖国侨胞热忱庆祝张灯结彩"
　　——香港同胞惠庄1960年写给台山表哥陈锦璇的一封侨批

170 "这一页震荡了整个世界，使世界每一个角落都在议论纷纷"
　　——开平的周煜兴1964年收到赴加拿大谋生的弟弟的一封侨批

179 一封特殊"回批"见证新中国对侨胞的关爱
　　——中华全国归国华侨联合会1965年给郑潮炯夫妇的回信

186 "我们旅美侨民更希望祖国昌盛和强大，我们海外侨胞有好靠山"
　　——旅美华侨邓奕豪1979年写给家乡开平赤坎公社侨委会的一封侨批

196 "此次在美发动筹款建校，共筹得有美金三万五千一百零五元"
　　——旅美华侨黄栢旋1983年写给村干部的一封侨批

209　第三章　侨批党史研究论文成果

211　深挖"侨批中的党史"独特价值，汲取奋进精神力量 / 陈冀
218　侨批：见证侨胞家国情怀　体现文明互学互鉴 / 张国雄　刘进
225　"侨批中的党史"的文献挖掘、学术研究与多元传播 / 陈冀　刘进
233　品读侨批中的红色印记 / 刘佳琳
237　"侨批中的党史"为何广受关注 / 沈文金
247　活化珍贵记忆　赓续时代精神 / 严建广
253　司徒美堂的公开信与华侨政治选择 / 张春旺
255　华侨华人与中国共产党三大历史事件 / 任贵祥
257　新中国着力保护侨汇的政策 / 袁丁
259　侨汇对改革开放后广东的经济和社会意义重大 / 张应龙
261　从侨批透视广东侨乡贯彻党的侨汇政策的地方实践 / 石坚平
263　父亲梁葆常先生的爱国爱党情怀 / 梁汉超
268　从侨批中寻找华侨与新中国的故事 / 罗达全
270　党史侨批（银信）是我的最爱 / 关翌春

272　后 记

第一章 侨批研究的路径探索

{ **本章概述** }

  推动中华优秀传统文化的创造性转化和创新性发展,是我们面对的重要时代课题。近年来,江门市以"做好侨批保护研究"为契机,主动作为、大胆探索、积极实践,以分类研究破解"传什么",以场景转化破解"看不懂",以平台宣传破解"接触难",以文化互鉴破解"长久立",创新性走出了实现中华优秀传统文化创造性转化、创新性发展新路径。

何谓侨批

　　侨批是广东、福建等东南沿海地区出洋谋生的海外侨胞经由民间渠道转至国内眷属家书和汇款凭据的合称，又称"番批""银信"。侨批的信封正面一般包含收信人地址、姓名，寄信人地址、姓名，寄带银钱数额等信息；信封背面主要有代办机构的印章等信息。信的内容则主要是家信为主，信中往往附有银钱的分配方式和金额。侨批具有极高的史料价值和学术价值，被国学大师饶宗颐赞誉为"海邦剩馥"，是研究华侨史、社会史、经济史、金融汇兑史、对外经贸

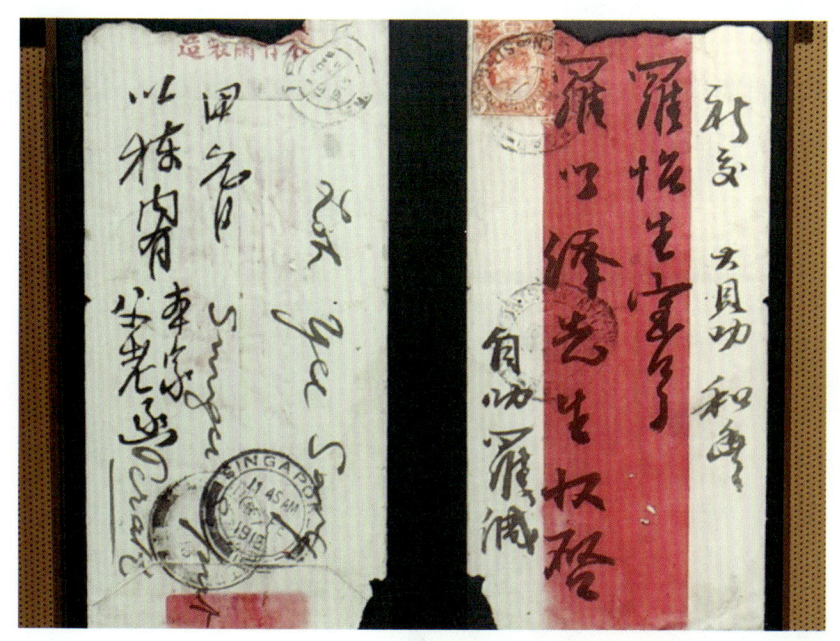

⊙ 图为江门侨批信封正面及背面样式。

史、交通史、国际关系史等的珍贵档案文献。2013年6月，广东、福建两省的16万件"侨批档案：海外华侨银信"入选《世界记忆遗产名录》，成为全人类共同珍视的重要文化遗产，其中属于江门侨批（银信）文献的有近5万件。

江门侨批

近代以来，国内灾祸连连和国外的淘金热，促使江门五邑地区掀起了移民海外的热潮，在1847年至1882年间，约有二三百万华人出洋到东南亚、大洋洲和南北美洲地区。漂泊在外的江门华侨华人忍受着离别相思之苦，在海外辛苦劳作、省吃俭用，把积攒的金钱寄回国内给亲人，并附上一封书信，作为衣食住行之用，求田问舍之资，成为立家之本，"银""信"合一的侨批由此诞生。

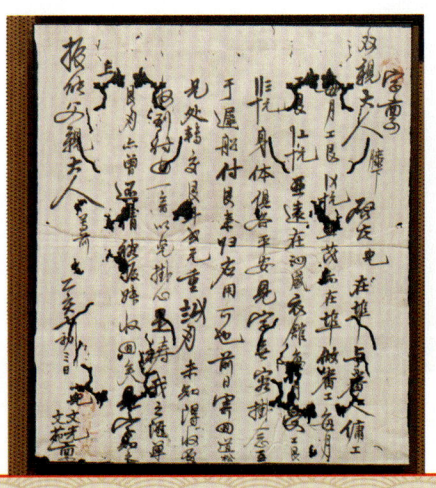

⊙ 图为江门地区目前发现最早的侨批。现藏于江门华侨华人博物馆。

江门是中国侨批的研究重镇，具有侨批数量多、历史跨度长、覆盖范围广、内容丰富等特点，在侨批研究中具有独特地位，素有"四邑侨汇，为粤省冠"之说，目前国内现存最早的侨批档案就藏于江门华侨华人博物馆内。跨越山海的"侨批"也见证了江门华侨华人与祖国同呼吸共命运的爱国精神，据不完全统计，抗日战争时期来自江门地区侨汇捐款达6.8亿国币，占全国侨汇捐款一半以上，海外华侨华人通过各种方式捐献资金，接济难民，为抗战胜利做出了巨大贡献。

巡城马

由于当时国际金融邮讯机构尚未建立，海外侨胞捎回家乡的款项和信息，由专门往来国内外的"水客"和侨批馆递送。这些"水客"在江门地区还有一个特殊称呼："巡城马"。

"巡城马"类似近代社会的邮差、现代社会的"快递小哥"，是专门为海外华侨

⊙ 图为民国时期江门地区"巡城马"写照。

递带"信、财、物、人"的职业,主要为私人和个体,也有的依附于一些商号、店铺。巡城马经常挑着箩筐或背着布囊,穿梭各地派送银信,一年四季在各地奔走,"铁脚、马眼、神仙肚"成为巡城马的真实写照。能当上巡城马的人绝对是忠诚老实的人,凭借良好的信誉和重义的人品,巡城马在华侨与侨眷之间建立起跨越山海的联系,串起侨乡与海外的通汇网,为推动五邑侨乡经济社会发展做出了独特贡献。

把跨越时空、超越国界、富有永恒魅力、具有当代价值的文化精神弘扬起来

侨批是广东、福建等东南沿海地区出洋谋生的海外侨胞经由民间渠道转至国内眷属家书和汇款凭据的合称,又称"番批""银信"。侨批具有极高的史料价值和学术价值,被国学大师饶宗颐赞誉为"海邦剩馥",是研究华侨史、社会史、经济史、金融汇兑史、对外经贸史、交通史、国际关系史等的珍贵档案文献①。江门是中国侨批的研

---

① 闫媛媛:《记忆遗产重现历史"海邦剩馥"吐露芬芳——读〈闽南侨批大全〉(第一辑)有感》,华侨华人历史研究,2017年3月第1期,第92-94页。

究重镇，据统计，从1864年至1949年这85年间，江门五邑地区的侨汇总额超过7亿美元，成为侨乡亲人生活的主要依靠和来源。这些银信（书信和汇款）全面记录了华侨在侨居国的生活，完整、真实地组成了华侨家庭生活的历史画卷，具有重要的历史和研究价值。2013年6月，包括五邑银信在内的广东、福建两省的16万件"侨批档案：海外华侨银信"入选《世界记忆遗产名录》，成为全人类共同珍视的重要文化遗产，其中属于江门侨批（银信）文献的有近5万件，包括目前国内现存最早的侨批档案。江门侨批具有数量多、历史跨度长、覆盖范围广、内容丰富等特点，在侨批研究中具有独特的重要地位。

近代以来，国内灾祸连连和国外的淘金热，促使江门五邑[①]地区掀起了移民海外的高潮，在1847年至1882年间，约有二三百万华人出洋到东南亚、大洋洲和南北美洲地区。这些漂泊在外的华侨华人在海外历经艰辛，付出大量血汗，忍受着背井离乡、抛妻离子的感情磨难，在侨居国夹缝求生，将辛苦积累的银钱寄给亲人，并附上一封书信，"银""信"合一的侨批由此诞生。

侨批的信封正面一般包含收信人地址、姓名，寄信人地址、姓名，寄带银钱数额等信息；信封背面主要有代办机构的印章等信息。信的内容则主要是家信为主，信中往往附有银钱的分配方式和金额。

---

① 江门俗称"五邑"，指广东省江门市下辖新会、台山、开平、恩平、鹤山五个县级行政区。旧称"四邑"，为新会、新宁、开平、恩平四县，今海外华侨仍以"四邑"或"五邑"代指江门。江门五邑是著名侨乡，有海外华侨500多万。

由于当时国际金融邮讯机构尚未建立,海外侨胞捎回家乡的款项和信息,由专门往来国内外的"水客"和侨批馆递送。这些"水客"在江门地区还有一个特殊称呼:"巡城马"。

"巡城马"类似近代社会的邮差、现代社会的"快递小哥",是专门为海外华侨递带"信、财、物、人"的职业,主要为私人和个体,也有的依附于一些商号、店铺。巡城马经常挑着箩筐或背着布囊,穿梭各地派送侨批,宛如巡城的骏马。巡城马凭着一双铁脚板,不论风吹雨打、严寒酷暑,一年四季在各地奔走,脚板起泡、食无定时是常有的事。而"铁脚、马眼、神仙肚"是当年巡城马的真实写照。能当上巡城马的人绝对是忠诚老实的人,而且一定要讲诚信,人品好。如果没有诚信,海外华侨的钱会血本无归。巡城马凭着诚信、敬业、重义,在华侨与侨眷之间建立起跨越山海的联系,串起侨乡与海外的通汇网,为推动五邑侨乡经济社会发展做出了独特贡献。

侨批承载着华侨对家庭的责任,寄托着侨眷的希望,华侨远赴海外,无时无刻不眷恋家乡的亲人,一封封银信成为维系感情的纽带,表达着华侨与家人血浓于水的亲情;而他们在海外辛苦劳作、省吃俭用,把积攒的金钱寄回国内给亲人,作为衣食住行之用,求田问舍之资,成为立家之本。侨批带来的海外汇款是近代五邑侨乡最重要的经济命脉,五邑地区侨汇数量庞大,素有"四邑侨汇,为粤省冠"之说。

五邑华侨热爱自己的家乡,素将造福桑梓列为夙愿,他们将寄回家乡的钱用于投资兴办实业、发展交通等,以发展家乡经济;捐助兴

办教育慈善公益事业等，以发展家乡文化，促进社会进步。

五邑华侨素来爱国，跨越山海的侨批将华侨与家庭、家乡、家国紧紧连在一起，它不仅是华侨对家人的一份责任和牵挂，更是华侨与祖国同呼吸共命运的爱国精神体现。辛亥革命时期，五邑华侨就积极支持孙中山先生的革命运动。抗战时期，民族危难之际，五邑华侨积极行动起来，通过各种方式捐献资金，接济难民，支援祖国的抗日战争。据不完全统计，抗战期间，全国共有侨汇捐款13亿国币，其中江门五邑地区侨汇捐款6.8亿国币，为祖国的抗战胜利做出了巨大贡献。

习近平总书记强调，"侨批"记载了老一辈海外侨胞艰难的创业史和浓厚的家国情怀，也是中华民族讲信誉、守承诺的重要体现。要保护好这些"侨批"文物，加强研究，教育引导人们不忘近代我国经历的屈辱史和老一辈侨胞艰难的创业史，并推动全社会加强诚信建设。①

党的二十大报告提出，坚持创造性转化、创新性发展，以社会主义核心价值观为引领，发展社会主义先进文化，弘扬革命文化，传承中华优秀传统文化，满足人民日益增长的精神文化需求，巩固全党全国各族人民团结奋斗的共同思想基础，不断提升国家文化软实力和中华文化影响力。

---

① 《习近平在广东考察时强调 以更大魄力在更高起点上推进改革开放 在全面建设社会主义现代化国家新征程中走在全国前列创造新的辉煌》，《人民日报》2020年10月16日。

如何实现"创造性转化、创新性发展",已成为各地当前文化建设的重要课题。作为中国侨都,广东省江门市立足区域特色和工作基础积极探索、创新实践,围绕保护好、管理好、研究好侨批文物,在保护传承、研究阐释、创新呈现、传播交流等方面系统发力,推动了侨批保护活化新实践,走出了实现中华优秀文化"双创"的"江门路径"。

学术研究为先,为侨批活化提供坚实支撑

文物资源是传统文化活化利用的核心依托,不可复制、不可替代、不可再生,弥足珍贵。侨批是研究中国近代史和华侨史的重要文献,为海内外专家学者提供丰富翔实的"新史料"。正如梁启超先生所说:"史料不具或不确,则无复史可言。"史料是史学研究的基础,离开了史料,史学的论述难免流于形式。侨批诞生至今已有约两百年历史,因其是纸质文物而具有一定的易损性,大量侨批已散佚消失在历史长河中,因此对现存侨批开展抢救式保护和研究显得至关重要。

近两年,中共江门市委宣传部大力推进侨批文化的挖掘活化,坚持保护为主、抢救第一、合理利用、创新发展的方针,牵头统筹文化、侨务、档案、高校等多方力量,全力保护侨批。先后成立侨批文化保护活化研究中心、启动五邑侨批全球征集活动加快"纸质文物修复实验室"建设、开展侨批数字化保护等一系列基础性工作,有力推

动江门侨批的保护工作走在全省前列。

除了通过整理和修复手段对侨批进行保护外，江门市还深入推进侨批的理论研究，从搭建研究平台到深化课题研究，再到促进学术交流，进行了诸多探索。

鉴于长期以来侨批研究存在的比较零散、专业化程度不高的问题，中共江门市委宣传部指导建立了专业的侨批研究机构，推动侨批的挖掘保护、解读阐释专业化、常态化、规范化。2020年12月，江门市依托高校力量，在五邑大学成立侨批文化保护活化研究中心、五邑大学广东侨乡文化研究院。五邑大学历来重视对华侨历史、侨乡文化的研究，是中国侨联批准的中国华侨国际文化交流基地、广东省非物质文化遗产研究基地，拥有一批侨史专家、侨批研究专家，在华侨文化、侨批文物保护研究方面颇有建树。侨批文化保护活化研究中心依托五邑大学的多学科华侨文化研究力量，整合江门市、广东省和国内外各方面的华侨文化资源，开展多元合作交流，对华侨华人文化和侨乡文化进行科学研究、活化利用，推动侨批文化挖掘研究更加规范、专业和集中。同时，侨批文化保护活化研究中心兼具政府机构、学术机构的功能，在政府、学术界、民间三者之间架起了一个联系的桥梁。目前，大量的侨批掌握在民间收藏家、爱好者手中，为吸收民间力量参与侨批研究，中共江门市委宣传部将罗达全等一批民间收藏家聘为江门市五邑侨批（银信）活化研究顾问团特聘专家，研究中心的成立和规范运作也为聚合侨批研究的民间力量提供了推动力。

在学术研究的基础上,江门积极开展学术交流,让侨批研究专家在交流过程中进行思想碰撞,让关于侨批研究的最新信息、成果、观点得到沟通和交融,从而推动侨批学术研究的创新。2020年11月4日,中共江门市委宣传部组织召开江门五邑银信(侨批)保护活化工作研讨会,全面启动新一轮五邑银信(侨批)保护活化;2020年12月,中国华侨历史学会、广东省档案馆、五邑大学等共同举办侨批文化与华侨精神研讨会,这是江门首次承办国家级的侨批文化专题研讨会。连续两场侨批文化的研讨会,把全国侨批研究的目光迅速聚焦到了江门。

2021年,江门市又连续策划了两场研讨会。7月,在广州举行"侨批中的党史"学术研讨会,国内权威侨批、侨史研究专家齐聚一堂,共同研讨侨批中的党史;10月,借助原创舞剧《侨批·家国》在广州首演的契机,在广州举办侨批活化研讨会,来自北京及广东的文化艺术专家、华侨文化研究学者围绕《侨批·家国》的创作和完善进行深入研讨,并就侨批的活化建言献策。两场研讨会探索了侨批研究新的路径,为全国侨批研究打开了新的视角,专家们充分肯定了江门侨批研究和活化的一些成功做法,也坚定了江门深入开展侨批活化研究的信心。

侨批文物具有一定的特性,其承载的历史、民俗、美学等内涵需要专业的挖掘和阐释,江门市成立了专业的研究机构,确保侨批文物的保护利用专人管、专业做,为新时期做好侨批保护活化工作搭建了

学术支撑和创新阵地,也确保了侨批的活化能始终坚持正确的导向、服务于党委政府的中心工作。

延伸阅读

1. 华侨华人文化研究院

2020年12月11日,华侨华人文化研究院在五邑大学鹤山楼揭牌,侨批文化保护活化研究中心、五邑大学广东侨乡文化研究院同步成立。研究院依托五邑大学的多学科侨文化研究力量,为华侨华人文化交流合作重要平台建设和江门文化强市建设提供科学的智库支撑。侨批文化保护活化研究中心旨在通过校地共建,汇聚侨批文化优质资源,打造侨批保护活化研究重要阵地。

华侨华人文化研究院的成立受到学界关注。中国华侨华人研究所副所长、《华侨华人历史研究》主编张秀明认为,华侨华人研究院的成立正当其时,"华侨文化历史底蕴深厚,既继承了中华文化的精髓,又跟海外文化相融合,是传播中外文化的重要桥梁纽带"。

"随着华侨华人文化研究院的揭牌成立,江门会在一个更高更广的平台上,更进一步推进华侨华人文化研究。"世界华人研究学会主席、厦门大学教授、暨南大学特聘教授李明欢说,研究院可以把华侨华人文化推向世界，在国际学术舞台上展现中国学者的风采，让世界各国人民更好地了解侨乡文化和中国人的家国情怀。

2. 江门五邑银信（侨批）保护活化工作研讨会

2020年11月4日，为贯彻落实习近平总书记视察广东重要讲话、重要指示精神，推动五邑银信（侨批）保护活化，进一步发掘其历史价值、文化价值，丰富江门侨乡文化内涵，中共江门市委宣传部组织召开五邑银信（侨批）保护活化工作研讨会，邀请省有关部门专家、五邑大学专家学者等围绕银信的现实意义，江门银信保护、研究、利用现状展开深入讨论。

⊙ 图为中共江门市委宣传部组织召开江门五邑银信（侨批）保护活化工作研讨会，与会领导专家合影。

会议强调,要收集保护,竭尽所能,以更多的投入、更好的技术手段对银信进行抢救性保护。要夯实基础,深入研究,把银信理论研究做深做透,把故事讲细、讲好、讲生动。要活化包装,整合更多潮流的方式,"用情感去包装,用道理去说服",让银信走出"深闺"。要以平台思维,创新运作,组织成立相关协会,把官方、民间的银信"串珠成链",搭建展示平台的同时,推动侨乡文化走出去。

3. 侨批文化与华侨精神研讨会

2020年12月11日,中国华侨历史学会、广东省档案馆、福建省档案馆、五邑大学共同在江门市举办侨批文化与华侨精神研讨会,一众专家围绕会议主题进行深入的学术交流。

⊙　图为由中国华侨历史学会等联合举办的侨批文化与华侨精神研讨会在五邑大学召开。

中国侨联副主席、中国华侨历史学会会长隋军在会上表示，侨批文化蕴含的华侨精神可以概括为热爱祖国、情系故里的家国情怀，吃苦耐劳、自强自立的民族精神，笃诚守信、讲义修睦的高尚品德，融通中外、博采众长的人文特质，做好新时代侨批文化保护，要讲好侨批中的爱国爱乡故事、拼搏奋斗故事、文化传承故事、民心相通故事，弘扬华侨精神，推动新时代侨批保护工作高质量发展，推动新时代侨联工作高质量发展。

李明欢教授认为，侨批不仅是华侨华人和侨乡的珍贵遗产，也是近现代以来国际移民书信遗产的重要组成部分，在构建人类命运共同体的新时代，侨批研究具有特殊意义，尤其需要坚持发展。

4. "侨批中的党史"学术研讨会

2021年上半年，江门组织五邑大学、民间藏家、各级媒体，以理论研究为基础，推出"侨批中的党史"系列融媒体产品，运用图文、视频、海报、H5、文创、活动等方式，创新维度推动党史学习教育，受到广泛好评。

为进一步深化对"侨批中的党史"的研究，2021年7月23日，江门在广州举办"侨批中的党史"学术研讨会。来自全国各地的权威侨批、侨史研究专家，围绕"侨批中的党史"，对"新民主主义革命时期的海外华侨与中国共产党""侨批中的旧中国与新中国""侨汇与新中国""从侨批透视华侨华人、港澳同胞与改革开放"等课题进行

⊙ 图为"侨批中的党史"学术研讨会在广州成功举办。这是国内首次以党史研究视角对侨批和华侨史研究的拓展深化。

重点研讨,为相关研究的总结、深化、推广建言献策。

五邑大学广东侨乡文化研究院教授张国雄评价认为,"侨批中的党史"对党史、华侨史、侨批领域的研究具有开拓意义。在党史研究上,"侨批中的党史"从侨批中看党史,阐释了中国共产党与华侨之间的联系;在华侨史上,"侨批中的党史"展示了党和华侨如何建立基础情感联系以及华侨认可中国共产党的过程;在侨批研究上,"侨批中的党史"里的故事深刻诠释了华侨华人的家国情怀。

中共江门市委常委、宣传部部长陈冀表示,要通过"侨批中的党史",进一步展示五邑华侨华人为了中国革命而进行的英勇斗争、参与社会主义建设的满腔热忱以及代代相传始终如一的爱国情怀,从而更加坚定走向伟大复兴的自强自信,更加领悟拼搏进取、爱国爱乡、开放包容的华侨精神,传承红色基因、赓续精神血脉,凝聚起奋进新征程中的共同力量。

5. 原创舞剧《侨批·家国》专家研讨会

2021年10月11日,江门原创舞剧《侨批·家国》专家研讨会在广州举行,来自北京及广东的文化艺术专家、华侨文化研究学者以及主办单位、主创团队代表齐聚一堂,围绕舞剧的创作和完善进行深入

⊙ 图为江门原创舞剧《侨批·家国》专家研讨会在广州举行。来自北京及广东的专家学者对江门原创侨批舞剧的创作和完善进行深入研讨。

研讨。

与会专家认为,《侨批·家国》以侨批为载体,以舞蹈为表现形式,展现一段华侨群体与家国命运的历史交织,体现了世界记忆遗产与舞蹈艺术的创新融合,是一次具有艺术价值、传播价值的创新探索,在主题、立意、内容、形式上都值得点赞。

"这部舞剧运用了很多舞蹈动作和编排技巧,把侨批文化说深说透,并且能在感情上打动观众,可圈可点。"中国艺术研究院舞蹈研究所原副所长、研究员江东认为,侨批背后蕴含着五邑先侨艰苦奋斗、爱国爱乡、报效家国的精神和力量,值得深入研究、广泛宣传。

五邑大学华侨文化研究专家冈虎指出,《侨批·家国》几位主人公爱国、爱乡、爱家的故事令人动容,他们共同传递出五邑先侨艰苦奋斗、爱国爱乡、报效家国的精神与力量,是一部独具政治价值和艺术价值的作品。

6. 以学术助力"侨批"焕发新活力学术座谈会

2022年11月7日,落实省委"做好新时代'侨'文章"战略部署——以学术助力"侨批"焕发新活力学术座谈会在五邑大学举行,讨论研究如何在以往工作的基础上,更进一步从学术上支撑江门乃至广东做好新时代"侨"文章,特别是如何通过学术支撑,在让侨批焕发新的活力上做出新成就。

⊙ 图为江门市召开座谈会，推动以学术支撑焕发新时代"侨批"新活力。

五邑大学学术委员会主任、教授张国雄认为，江门要聚焦侨批这一重点，保护好、宣传好有利于加强海内外中华儿女大团结的文化资源，让港澳台同胞和海外华侨华人感受荣光。他建议，江门可以利用好仓东遗产教育基地、古劳水乡等侨乡资源，加强华侨华人文化交流合作重要平台建设，争取建立国家级华侨文化生态保护区，筑牢港澳台同胞和海外侨胞的"根"与"魂"，推动文化交流和文明共建。

创新展现为重,让侨批走出深闺闪耀舞台

侨批要活化新生,首先要创新呈现方式,赋予其时代内涵。通过理论研究,侨批的独特价值得到挖掘与提炼,但要令侨批重回大众视野,仍需创新展示方式。创新化展示是传播文物价值、增进大众了解、丰富受众体验的关键所在。江门基于研究成果、立足区域现实、创新展览展示,向社会大众揭开侨批的神秘面纱。

文化自信源于文化自知。要推动侨批文化为大众所知,首先要让侨乡人了解侨批、宣传侨批。近年来,在深入挖掘、媒体宣传的基础上,中共江门市委宣传部将侨批文化融合城市景观、融入百姓生活,让无形的文化变得可观、可触、可感。江门台山深入挖掘侨批(银信)文化,发动社会力量,搜集侨批原件数百份,建成银信纪念广场、银信博物馆,展出千余份侨批及反映近代华人在海外奋斗、支援祖国建设的图片。目前,银信纪念广场、银信博物馆已经成了爱国主义教育基地,每年吸引大量的市民、游客、海外华侨华人前往参观。蓬江区把育德口袋公园打造成侨批主题公园,在启明里历史文化街区建成侨批文化展馆;"碉楼之乡"开平开发侨批主题VR线上展览及文创产品;新会、江海、鹤山、恩平等地结合当地特点对区域侨批或华侨文化进行多种展示。江门市还在市区的华侨广场周边打造了200米长的侨批文化长廊,在全市红色革命遗址和主要旅游景点,设置侨批宣传栏,吸引游客通过扫描二维码观看"侨批中的党史"故事。通过一系列创新呈现和沉浸式展示活动，侨批重新回到了侨乡人的视野，激发了江门人的城市自豪感和荣誉感，提升了江门人和江门籍海外华侨华人的文化自信。

侨批作为世界遗产，是中国的侨批，更是世界的侨批。要让侨批文化受世界关注，必须把侨批带到全国、甚至全世界的展台。展览是推动文物用起来、"活"起来的重要手段，宣传则实现了展览效果的最大化。中共江门市委宣传部采取"展览+宣传"的模式，推动侨批文化走出"深闺"。2021年1月，在江门五邑华侨博物馆组织"家国情怀寄尺素——江门五邑银信（侨批）专题展"，让市民通过专题展览，深入了解银信（侨批）的相关知识和其背后的动人故事。4月，侨批专题展在北京中国华侨历史博物馆举办，第一次面向全国系统展示江门侨批风采，组织《人民日报》、新华社、中央广播电视总台等近50家国内外主流媒体及新媒体平台广泛推送新闻报道，报纸、电视、电台、微信、微博、客户端各级各类媒体平台转载新闻报道超500条，全网转发展览消息3万多条，其中中央广播电视总台在一天内分别在《新闻直播间》《新闻联播》栏目两度报道。7月，该专题展在广东省博物馆举办，创新融入"侨批中的党史"研究成果，丰富和扩展了侨批文化的价值和内涵，被列入"2021年广东省弘扬社会主义核心价值观主题展览"名单。开幕式当天，《人民日报》、新华社、中央广播电视总台、《经济日报》、《光明日报》等32家媒体记者，北京、福建、省内著名华侨文化、侨批研究专家等

应邀出席活动,受到广泛关注。截至2021年7月25日,各类媒体平台发布侨批广州展相关新闻报道2000多条,阅读人数达到5000万人次。

从江门到北京、广州,一系列的侨批展推动在全社会形成了一股"侨批热",许多人通过展览和宣传对侨批产生了更深刻的印象。在首都北京,政界、学界的许多人士慕名前来观展,中共中央宣传部副部长、中央广播电视总台台长兼总编辑慎海雄参观后表示,此次专题展体现了江门贯彻落实习近平总书记重要指示精神的担当作为,正当其时,对于推动挖掘侨批文化、弘扬华侨精神、塑造粤港澳大湾区人文内涵、促进海内外文化交流等都大有裨益。中国文联党组成员、副主席、书记处书记胡孝汉认为,侨批展览反映了五邑籍华侨对祖国的贡献,弘扬了中华优秀传统文化,彰显了文化自信。

延伸阅读

1. 台山银信博物馆

台山银信博物馆位于江门台山市端芬镇海口埠。海口埠是台山人眼中的出洋第一港口,见证了华侨漂洋过海的艰苦奋斗史,也是古代海上丝绸之路的重要节点。

台山银信博物馆参照清末时期具有岭南特色的"骑楼"来设计,展馆总面积约800平方米。展厅共设置六个展陈板块,分别是"圆梦之旅""银信递送""家庭最大""情系桑梓""复兴之梦""文明之魂",共展出近1000张侨批及反映近代华人在海外奋斗,支援祖国建设的图片,向世人讲述江门乡亲"海外奋斗故事"。

⊙ 图为台山银信博物馆内部。

2. 银信纪念广场

银信纪念广场,位于江门台山市端芬镇海口埠,是一个具有标志性意义的、充分展现广东"海上丝绸之路"文明的独特展示平台。广场用20根柱子打造成银信柱,银信柱统一使用八面设计,用648片烧制的银信瓷片,艺术性地展示银信的缘起、递送、历史作用与现实文化价值。银信瓷片上的画作、照片、信件,展示了华侨出洋寻梦的过程,反映了祖辈艰苦奋斗、敢闯敢拼的勇气精神。它们高低错落、有

⊙ 图为台山银信纪念广场。

序排列,按照不同的主题如劳工、留学、抗日、爱国、教育、科技等内容分类展示银信文化。

3. 育德口袋公园(侨批文化柱、侨批文化长廊)

育德口袋公园位于江门市最为繁华热闹的地段。育德口袋公园侨批文化长廊以"家庭·家乡·家国"为主题,图文并茂地展示五邑华侨的奋斗史和爱国心。这条长廊有一项元素贯穿始终——"叶子",在"结语"处则有一棵大树的树根,凸显的是"绿叶"对"根"的情意,有"落叶归根""根深叶茂"之意。侨批文化柱和侨批文化长廊因地制宜，以点带面，用简练的图文展示老一辈侨胞桑梓情深、守信重义、为家为国的大爱情怀，让口袋公园成为开展市民教育的有效平台，让侨批文化为广大市民所熟悉了解。

⊙ 图为江门市蓬江区育德口袋公园侨批文化长廊。

4. 江门五邑侨批（银信）专题展·北京站

2021年4月9日，"家国情怀寄尺素——五邑银信（侨批）专题展"在中国华侨历史博物馆开幕，共展出侨批及相关展品230余件，其中170多件出自江门，同时展出图片、图表近100幅。

展览分为"何为银信""递送银信""游子之心""桑梓之情""报国之志""复兴之梦"六个部分，通过一封封家书，全景再现华侨从走出国门、回馈家乡到报效祖国的时代记忆，系统讲述侨批中承载的家风故事、诚信故事、爱国故事、民族故事，展现老一辈华侨积极向上的奋斗精神、建设家乡的桑梓情怀和"讲信誉、守承诺"的可贵品质，用华侨为民族伟大复兴前赴后继、不惧艰险、不怕牺牲的鲜活历史，引导人们激发爱国主义情怀。

中央部委、北京当地党政机关、广东省有关部门对展览给予高度关注和充分肯定。《人民日报》、新华社、中央广播电视总台等近50家国内外主流媒体及新媒体平台广泛推送新闻报道，报纸、电视、电台、微信、微博、客户端等媒体平台转载新闻报道超500条，全网转发展览活动消息3万多条，其中中央广播电视总台在一天内分别在《新闻直播间》《新闻联播》栏目两度报道。

⊙ 图为"家国情怀寄尺素——江门五邑银信（侨批）专题展"（北京站）现场。

5. 江门五邑侨批（银信）专题展·广州站

2021年7月23日，"家国情怀寄尺素——江门五邑侨批（银信）专题展"在广东省博物馆隆重开幕。本展览被列入"2021年广东省弘扬社会主义核心价值观主题展览"名单。

本次展览主要呈现出三大特点：

一是坚持"永远跟党走"主题，展现华侨精神内涵。江门对侨批资源进行创新性挖掘，形成了一大批真实反映"侨心连党心"的研究成果，把"永远跟党走"作为主线贯穿展览的每一个细节。

二是注重从艺术展演、史料还原、研讨探索三种场景，展现侨批党史真实故事。艺术展演方面，开幕式以朗诵表演《少年中国说》拉开序幕，情景朗诵剧《见字恍觉重洋远》透射出五邑籍海外华侨华人的家国情怀。史料还原方面，共展出藏品130多件，历史图片、史料图片、图表近150幅，讲述五邑侨批（银信）所蕴含的红色印记和感人故事。研讨探索方面，举办了"侨批中的党史"学术研讨会，邀请国内专家深入挖掘解读侨批中的党史故事和精神力量。

三是在侨批保护传承中开创"四个先河"，塑造侨乡文化标识。首次发布五邑侨批全球征集活动，面向全球华侨华人长期征集五邑侨批（银信）及侨批相关物件，开创全国先河。首次以侨批专题展形式弘扬社会主义核心价值观，入选2021年广东省26个"弘扬社会主义核心价值观主题展览"，开创华侨文化传承先河。首次以党史学习教育维度开展侨批专题研究，推动侨批活化与党史学习教育相结合开创先

河。首次大规模展示侨批文创活化成果，集中展示侨批主题文创产品数量之多、品种之丰富开创先河。

⊙ 图为"家国情怀寄尺素——江门五邑侨批(银信)专题展"(广州站)开幕式现场。

挖掘内涵为魂，让侨批文化赋予时代光彩

寻找传统文化与时代精神、现代价值之间的契合点，从传统文化资源中提炼适应时代需要的思想精髓与审美特质，建立与时代精神的共鸣，是让传统文化资源焕发生命力、发挥新作用的关键所在。要让侨批文物真正活起来，必须深入挖掘其本身的内涵及其背后的精神

特质，在传承的基础上，开展创造性转化和创新性发展，使其与新时代精神特色和社会主义核心价值观紧密结合，才能让侨批闪耀时代光彩。

长久以来，国内侨批研究多集中在华侨精神、中国文化以及近代华侨史、家族史、经济史、社会史、金融史、邮政史、中外交通史、国际关系史等方面，鲜有学者关注侨批中的党史研究。2021年，江门市创新开展"侨批中的党史"系列研究，将侨乡独一无二的文化宝藏——侨批置于百年辉煌党史的坐标中进行观察解读。中共江门市委宣传部组织专家、学者，对1万多件侨批进行重点梳理，并通过背景挖掘、书信解读，讲述侨批中的党史故事和民族精神，推出16期"侨批中的党史"故事。透过这些侨批故事，挖掘了五邑华侨华人为中国革命英勇斗争的生动史实，挖掘了五邑华侨华人参与社会主义建设的鲜活故事，讲述了五邑华侨华人始终坚守爱国之心，怀抱报国之志，为革命的胜利和国家发展做出重要贡献的感人故事。不少研究党史、华侨史的专家表示，从侨批中挖掘研究党史是一个全新的维度，是侨批研究学理层面上的一个重要突破，弥补了侨批研究中最重要的一环，为侨批活化利用提供了更加广阔的空间和丰厚的沃土，让侨批这个"老物件"在新时代绽放出新光芒。

与此同时，中共江门市委宣传部还将侨批的传递者"巡城马"与快递小哥进行联系，将弘扬"巡城马"敬业、诚实、守信、实干的精神，与培育和践行社会主义核心价值观紧密结合，赋予了"巡城马"

精神时代内涵,为江门快递小哥打造了专属的品牌形象"江小马"。2020年,江门以快递小哥为载体,将传承发扬"巡城马"精神与文明城市创建紧密结合起来,推出"快递小哥文明传'递'行动",在全社会掀起"文明之花"传递热潮,得到了中央文明办、省文明办的充分肯定,被认为是"发动群众参与文明城市创建的典范之作"。2021年8月24日,江门快递小哥争当新时代"巡城马"活动启动,推出"学史力行——一马当先·全城寻'码'学党史"活动,让快递小哥成为党史的传播者、党史学习教育的践行者。2022年,江门启动"快递(外卖)小哥争当基层治理'轻骑兵'"活动,继续深入挖掘和传承好"巡城马"精神,赋予"江小马"在文明创建、基层治理、疫情防控等方面更重要的使命,让快递小哥们化身新时代侨都的"流动网格员""平安巡查员""文明观察员",努力探索江门整合社会力量参与文明城市创建和基层社会治理现代化新路子。

延伸阅读

1. 快递小哥文明传"递"行动

2020年12月31日,"共建文明城市 共享品质生活"——快递小哥文明传"递"行动正式启动,充分利用快递和外卖行业的社会力量,在全市范围内广泛开展文明传播,营造"人人齐参与,文明增活力"的浓厚氛围,提高江门市创建全国文明城市的知晓率和参与率。

⊙ 图为2020年江门创新开展"共建文明城市 共享品质生活"——快递小哥文明传"递"行动启动仪式现场。

活动吸引13家快递和外卖行业的3000多名"小哥"参与,线上线下共传递"文明之花"300多万次。"小哥"以实际行动带头遵守交规、戴好头盔、文明上路,为广大骑行者做好文明的表率,参与到文明实践和文明传播行动中,成为发动群众参与创建的典范之作,得到中央文明办、省文明办的肯定。

梁鹏是一名快递小哥,作为一名退役军人,他毫不犹豫加入该项活动,身体力行参与到文明实践和文明传播的工作,还发动同事参与争当新时代"巡城马"活动。不少外卖小哥被他鼓舞,积极成为文明宣传者和践行者。他还积极向党组织靠拢,递交入党申请书,志愿加入中国共产党。

快递小哥文明传"递"行动得到媒体广泛关注报道,成为全城热点事件。尤其是"赠人玫瑰 手有余香"线上文明传"递"行动,邀请市民在线上参与"为文明行为点赞""文明城市满意度调查""我为文明城市出谋划策"活动，获得虚拟玫瑰后分享赠送，因互动性强、奖品丰富引起广大市民的踊跃参与，把文明送进千家万户。

2."学史力行——一马当先·全城寻'码'学党史"活动

2021年，结合党史学习教育，江门继续以快递小哥为载体，挖掘昔日侨批传递者——"巡城马"精神，举办"学史力行——一马当先·全城寻'码'学党史"活动，让快递小哥化身党史传递者、文明风尚的传播者、"巡城马"精神的传承者。

⊙ 图为2021年举办"学史力行——一马当先·全城寻'码'学党史"活动启动仪式现场。

活动为全市每个快递外卖小哥、快递站点及快件包裹设计一个专属的活动二维码，市民群众扫描上面的二维码后，即可参与相关党史问答活动，同时对快递小哥的文明出行和诚实守信的行为进行督促及点赞。

来自12个快递（外卖）公司的3500多名快递小哥通过快件包裹和快递车上的活动二维码，将党史知识送到市民身边，鼓励市民自愿参与到党史学习教育中来，让党史学习教育深入城市肌理。据统计，共有超过4万人次参与扫码学党史活动，在全城营造出全民学党史的浓厚氛围。

3. 新时代巡城马"江小马"品牌IP形象公开征集

"江小马"是"江"门、快递"小"哥与巡城"马"的结合体。为了传承侨批文化，江门面向社会公开征集具有江门特色和文化底蕴的快递小哥IP品牌形象，经过广大市民群众踊跃报名、作品初筛、网

⊙ 图为新时代巡城马"江小马"品牌 IP 形象，配有动画表情包。

络投票、主办方综合评审等环节,最终评选出金奖1个,银奖2个,铜奖3个,优秀作品奖10个,赋予了"巡城马"新的时代内涵和时尚表达。

4. 快递(外卖)小哥争当基层治理"轻骑兵"

2022年11月21日,江门正式启动"文明新侨都 建功新时代"——江门快递(外卖)小哥争当基层治理"轻骑兵"活动,继续深入挖掘和传承好"巡城马"精神,赋予"江小马"在文明创建、基层治理、疫情防控等方面更重要的使命,让快递小哥们化身新时代侨都的"流动网格员""平安巡查员""文明观察员",努力探索江门整合社会力量参与文明城市创建和基层社会治理现代化新路子。这也是江门市

⊙ 图为2022年举办"文明新侨都 建功新时代"——江门快递(外卖)小哥争当基层治理"轻骑兵"活动启动仪式现场。

深入学习贯彻落实党的二十大精神和习近平总书记关于精神文明建设的重要论述精神，进一步巩固全国文明城市创建成果的创新实践。

有效传播为要，让侨批呈现大众化潮流化

侨批是文字文物，无论是侨批原件还是专家的研究成果，都有一定的阅读门槛。当前，国内侨批档案开发利用模式简单，展现形式单一，让人难以留下过目不忘的印象，当然更不会让人们对其达到一见钟情的效果。要把侨批文化弘扬出去，让普通大众领略侨批魅力，感悟侨批精神，需要采用潮流化、通俗化的包装方式。

潮流化包装是让文物"破壁出圈"的关键所在。在保护和研究的基础上，江门创新多种形式，动员多方力量共同参与侨批的活化，推动侨批从学术研究的"象牙塔"走进寻常百姓家，侨批逐渐从"养在深闺"走向"文化网红"。例如，在侨批中的党史挖掘传播中，面对旧纸堆里的故事，积极采用潮流的表达方式对侨批进行立体化的包装，用微电影、图文、视频、海报、H5等多种形式将一个个感人的侨批故事生动地展示在世人面前，让发黄的文字转化为可读可亲可感可悟的融媒体产品。2021年，采用全新视角包装推出的16期《侨批中的党史》短视频、100多个融媒体产品，全网阅读量超过650万次，《人民日报》、新华社、中央电视台、《光明日报》等央媒纷纷报道。

文艺是时代前进的号角，最能代表一个时代的风貌，最能引领一个时代的风气。文艺作品备受人民群众欢迎，对优秀传统文化的创造性转化、创新性发展具有重要的意义。江门从丰富的侨批素材、动人的华侨故事中提炼题材，获取灵感，汲取养分，运用文学、话剧、舞剧、歌曲、微电影、纪录片等丰富多样的艺术形式进行当代表达，把侨批背后的华侨精神搬上舞台和荧屏，推出了底蕴深厚、涵育人心的文艺作品。2021年10月，江门发挥"中国舞蹈之城"的优势推出原创舞剧《侨批·家国》，并在广州首演。该剧以侨批为串联载体，以五邑华侨的真实故事为原型，运用舞蹈语言进行艺术再创作，讲述一段华侨群体与家国命运交织的故事和历史，再现五邑先侨艰苦奋斗、爱国爱乡、报效家国的精神和力量。2021年12月，作为《侨批·家国》的姊妹篇，原创诵读剧《侨批·中国》在江门成功首演，让观众在诵读者的声音中体会深沉的爱，在戏剧情景的演绎中领悟华侨精神，感受华侨力量。这一文艺作品成为了高校"大思政课"的鲜活教材。江门还创作了侨批主题的本土民谣歌曲《一纸情长》，推出微电影《侨批里的江门故事——明月故乡情》等各类文艺作品，连续举办品牌活动"少年中国说"华侨书信朗诵会，走进北京、广州、武汉等10多座城市进行巡演。这些作品结合侨批的独特标识以及海外华侨的精神特质，用多姿多彩的文艺形式呈现出来，使侨批有了深度的解读、潮流的表达，让更多的年轻人读懂侨批、爱上侨批。

　　文创让传统文化得到现代化的阐释，正在成为传播传统文化、让文物"活跃"在年轻群体中的重要载体。近几年,中共江门市委宣传部积极鼓励文化企业通过文创产品"让侨批活起来"。2020年春节,江门市文明办结合文明城市创建推出以"传承侨批精神,共建文明城市"为主题的侨批红包,利用H5技术开发侨批样式的"电子家书",使侨批元素融入了传统节日。利用侨批(银信)及侨乡历史文化资源,创作28款侨批(银信)系列文创产品,包括:"侨批中的党史系列"之书画折扇及便签本、"家园——侨批故事"之历史街区立体纸板模型、"寄归思·银信"复刻明信片、银号印记·口罩、"银信之归往系列"新会陈皮茶饼礼盒及马克杯、跨越山海的家书——新会陈皮普洱茶包及柑仔便携环保袋、万无一失文件夹、一封家书之金属书签及钥匙扣、有银在手零钱袋、台山银号黄铜书签礼盒、开平银信·碉楼背后的故事书

⊙ 图为侨批主题文创设计产品——银信红包。

签、印象侨乡·手绘地图帆布袋等。这些文创产品把侨批元素刻印在了人们的日常生活用品中,为侨批增添了几分"烟火气"。

延伸阅读

1.《侨批·家国》舞剧

2021年10月10日,原创舞剧《侨批·家国》在广州白云国际会议中心首演,让江门侨批走出深闺,以"惊艳"赢得喝彩,以"家国"凝聚力量。该舞剧成功在海内外各大主流媒体和网络新闻平台刷屏,得到省委有关领导、中央和省主流媒体领导、国内众多文化艺术专家的高度认同和赞赏。

舞剧《侨批·家国》以侨批为载体,以旅美侨领司徒美堂、前"飞虎队"战士陈锦棠等江门华侨华人事迹为原型,用一个华侨家庭长达半个世纪的悲欢离合,折射中国革命、建设、改革的壮阔征程,再现五邑先侨艰苦奋斗、爱国家乡、报效祖国、守信重义的精神力量。

《侨批·家国》邀请多名曾参与获中宣部"五个一工程"奖、文化部文华奖等艺术精品创作的国内顶尖力量加盟,力求用更好的艺术感染力表达侨批背后浓浓的家国情怀,得到广泛关注。截至2021年10月13日,40多家中央、省级主流媒体、境外媒体发稿600多条,全网转发消息5万多条,累计阅读量超1亿人次。

⊙ 图为江门原创侨批舞剧《侨批·家国》在广州白云国际会议中心首演。

中国舞蹈艺术研究所副所长江东盛赞:"江门作为'中国舞蹈之城',出品了这样一部有艺术高度、有明确的艺术指向的作品,意义和价值非同小可。"

2.《侨批·中国》原创诵读剧

2021年12月2日,原创诵读剧《侨批·中国》在江门演艺中心侨都大剧院首演。该剧采用沉浸式戏剧体验和信使诵读相结合的艺术形式,从侨批中精心挑选10封家书,分为10个小故事,以"信使"为主线串联"思念""纽带""归来"三个篇章,回顾19世纪末到21世纪初江门五邑华侨海外谋生的艰辛、对故土的思念,情景化展现各个时期华侨对祖国和家乡的支持和贡献。本剧从青年视角解读家书情感,让青年人通过舞台戏剧形式展示在中国共产党领导下中国人民艰苦奋斗的历程，在潜移默化中实现"学史明理、学史增信、学史崇德、学史力行"的教育目的。

⊙ 图为江门原创诵读剧《侨批·中国》在江门演艺中心侨都大剧院首演。

3."侨批里的江门故事"系列微电影

2021年，中共江门市委宣传部与南方日报、南方+客户端联合策划启动"侨批里的江门故事"系列微电影制作项目。项目组聚焦江门在华侨文化挖掘传承中的最新成果，抓住春节、中秋、国庆三个重要节庆时点，分别以"家、乡、国"三个主题，推出三集原创微电影，深挖侨批里鲜为人知的创业故事、爱国故事、家风故事。

其中，"家"篇聚焦来自江门台山的古巴侨属黄卓才与其父黄宝世一辈子未能见面，一家人侨批传情五十载的家风传承；"乡"篇采访拍摄96岁老华侨陈成长与妹妹隔海相守，用侨批寄托亲情数十年，终在中秋夜归乡的团圆之旅；"国"篇呈现加拿大华侨梁葆常在海外

⊙ 图为"侨批里的江门故事"系列微电影——《等你回家》视频画面截图。

白手起家,新中国成立后带着所有资产回乡圆梦,为新中国建设鞠躬尽瘁的感人故事。

微电影创新表达方式,探索用故事主人公第一视觉自述的方式展开叙事,通过情景演绎的方式重现了异地亲人间的跨时空"对话"。系列报道选题富有代表性,叙事构思巧妙,拍摄制作精良,采写细腻感人。为了强化对外传播,系列微电影还专门剪辑制作成英文版本推出,首集微电影外宣版获中宣部阅评表扬。

⊙ 扫码观看侨批微电影三部曲。

赓续精神为本　续写时代新篇章

文化的价值从来不在于机械地固守或呆板地灌输，而是在润物无声、潜移默化中对精神力量的传承、奋斗意志的凝聚、实践方向的指引。

从信物到文物，侨批在经山历海间化身为华侨精神标识。1875年，文光、文苑两兄弟给父亲寄了一封侨批（这是江门记录在案最早的侨批），信中向家乡的老父亲禀告海外亲人"作番工"、在"衣馆"工作等，寄报平安的同时，随信寄回的还有赡养老人的银钱。朴实无华的寥寥数语，写下的是平安祝福，看到的却是海外游子的拼搏奋斗和家国担当。从此，"侨批"不仅维系起侨与家的纽带，也在一笔一画中镌刻下爱国爱乡、拼搏奋斗的华侨精神。从"愿得此身长报国，何须生入玉门关"到"为我全国军民共下乾坤一掷之决心，抵抗到底"的决绝气概，从"半丝半缕，恒念物力维艰"到"须要从俭为上，不可浪费无用之钱财"的勤俭家风，从"只愿君心似我心"到"贤妻如面，别后十余年之久……"的山海柔情……一封封侨批，用跨越半个地球、延绵两个世纪的语言，记录下中华民族精神的海外篇章，更成为以中华优秀传统文化为内核的华侨精神标识。

从历史到现实，中华优秀传统文化中亘古不变的家国情怀代代相传。五邑华侨爱国爱乡的精神不是尘封于侨批文物之中，而是在现实生活真实可见。

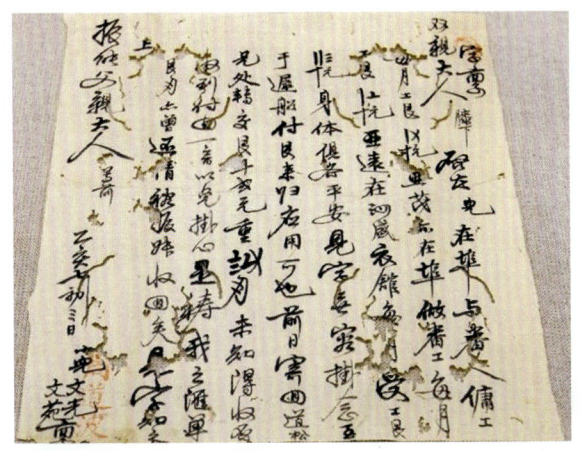

⊙ 图为目前江门五邑地区发现并记录在案的最早的侨批。

1928年,祖籍江门新会的梁葆常在儿子梁汉超出生刚满3个月时远赴加拿大谋生,并在当地事业有成,但由于客观原因,此去一别就是20多年。

在身处异乡的岁月里,梁葆常全凭侨批与家人保持联系,多次在侨批中表达自己的爱国情怀和归国的渴望。1957年,梁葆常带着全部资产,回到了阔别40余年的祖国,支持国家发展建设。

"父亲常告诉我,除了爱家,还要爱国。从抗战时期的家国情怀,到新中国成立后坚定地支持中国共产党的领导,是父亲指引我建立了正确的价值观和报国信念。"梁汉超说。

在父亲的言传身教下,梁汉超自幼发奋学习,先后在北京、南京等地研究所工作,参加了国内多个重要电力项目建设。如今,他的外孙女在国外学习的同时,也继承了父辈的家国情怀,致力于传播中华

⊙ 图为开学思政第一课活动现场。江门市创新侨批文化进校园方式,以"侨批中的党史"讲好开学第一课。

优秀文化。

　　从华侨到侨乡,精神传承之风吹拂五邑大地。华侨精神为江门的发展提供了持续不断的精神动力,成为宝贵的精神财富。以侨批为重点,江门努力让华侨精神从华侨"小家庭"走向侨乡"大家庭",面对广大市民普及教育,推动凝聚侨乡人民的共同精神力量。

　　坐落在江门城区的启明里,是一片拥有百年历史的华侨历史文化街区,记载了江门往昔的辉煌,是侨胞魂牵梦绕的家。在升级改造中,政府部门重视历史文化保护,注重文明传承、文化延续,利用老房子建起了侨批馆,以"家庭、家乡、家国"为主题,通过侨批

⊙ 图为江门市蓬江区启明里侨批馆内景。江门市创新活化历史文化街区，利用老房子打造侨批文化馆。

⊙ 图为市政府大院内党史小屋内景。江门市创新侨批文化进机关方式，利用闲置房打造党史小屋，设置侨批中的党史成果展示区。

讲述江门华侨在海外辛勤工作，将寄回来的钱用于投资实业、发展交通、兴办慈善公益事业等家国故事，展示了江门五邑华侨爱国爱乡、心系桑梓的家国情怀，见证着五邑华侨对家乡的巨大贡献。

在学校，江门在大中小学着力普及侨乡历史文化教育，出版有关侨批的普及性大众型传播读本，与思想政治教育相融通，推动社会主义核心价值观进校园；在城市，建设博物馆、文化长廊、银信纪念广场、微缩展，让侨乡文化走近身边、融入生活；在剧院，推出舞剧、诵读剧、朗诵会，使侨乡文化融入文艺创作；在

⊙ 图为江门城市文化景观——侨批文化长廊效果图（建设中）。

媒体，通过视频、图片、H5、纪录片等形式，让侨乡文化"破壁出圈"；在海外，"一纸家书抵万金"逐渐成为华侨群体的精神谱系，侨批承载的华侨精神可感、可近、可悟、可传承。

从侨乡到世界，华侨精神持续对外传播。五邑华侨虽身在海外，但家乡和祖国是他们的"根"，文化和精神是他们的"魂"。以侨乡文化为纽带、以华侨精神为内核，江门不断加强对外传播，讲好新时期的侨乡故事、广东故事、中国故事，唤起海内外五邑同胞的共同记忆，构筑共同的精神家园。

始于侨批之"物"，落在传承之"人"，及至实践之"力"，江门对侨批活化的实践，最终依归是把精神传下去，让自信树起来，向未来开新局。以社会主义核心价值观为引领，赋予侨批新的时代内涵和现代表达形式，从而使中华民族最基本的文化基因与当代文化相适应、与现代社会相协调，引导人们进一步坚定道路自信、理论自信、制度自信、文化自信，奋力走向未来！

结语

侨都江门对侨批的活化保护与利用是文化创新传承、艺术创新表达、传播创新方法的有益尝试。在这一过程中，江门致力于结合历史研究、文物研究挖掘侨批的价值和内涵，结合文艺创作、潮流包装创新侨批传播形式和载体，结合当代精神需求和现实生活增添侨批的趣味，在侨批与社会大众、侨批与当代社会、侨批与世界之间架起多元、便捷的沟通桥梁，在更高维度上实现了侨批文化的返本开新。通过大量积极有效的探索，收获文化自信自强的力量。

道阻且长，行则将至。"做好侨批资源活化使用"已被列入江门"十四五"规划和文化发展改革重要任务。对侨批的活化保护与利用等一系列探索启迪我们与时俱进，中华优秀传统文化创造性转化和创新性发展大有可为。勇于回答好时代课题，不断挖掘主题、捕捉创新灵感，描绘精神谱系，激发"以文化人"的精神力量，增强文化自信，丰富人民美好生活，增强民族精神力量，是宣传文化工作者的光荣使命，我们的探索永远在路上。

第二章 从16封侨批中看百年党史

本章概述

江门以独具特色、素材丰富的侨批为载体，在全国开创先河，进行"侨批中的党史"研究，为党史学习教育和爱国主义教育提供了崭新平台，打开了全新视角。江门相继推出16期《侨批中的党史》短视频、100多个融媒体产品，跨越时空把百年党史和百年华侨史有机融合起来，见证了老一辈海外侨胞艰难的创业史和浓厚的家国情怀，体现了中华民族讲信誉、守承诺的优秀美德。

扫码观看
侨批故事视频

"倘能从此做去再进一步，则我中国未可限量也"

——从英国回到香港的华侨余礼津20世纪20年代写给亲人的一封侨批

> 至于香港近时情形，自经此次罢工风潮之后，在英人方面其态度略见和平，至于在港奸商以（与）卖国之徒亦见下气，目下在港楼宇只值半价，无人承受，皆此次罢工之功。倘能从此做去再进一步，则我中国未可限量也。
> ——余礼津

"倘能从此做去再进一步，则我中国未可限量也。"这是五邑华侨华人博物馆征集到的侨批中，写信者余礼津在香港一场工人大罢工后所发出的感慨。20世纪20年代，这名刚从英国回到香港不久的华

侨在写给亲人的信中,谈到生意的惨淡和对现实的无奈,却透露出对工人阶级这股新生力量的期待。那么,这是一封在怎样的大时代背景下写就的侨批,信中提到的工人运动与江门有何关系,这封家书背后又蕴含着怎样的时代意义呢?

一纸尘封近百年的侨批揭示香港如火如荼的工人运动

"这是一封我馆征集到的侨批,根据信中内容和信封字样判断,应该是一位华侨寄往英国的家书。"江门市博物馆陈列保管部主任吴兆骏小心翼翼地将这封侨批取出。信封已有些斑驳,但信纸却保存完好,上面的字迹清晰可见。

对于这封信,吴兆骏认为,从内容和落款时间推测,大致反映了20世纪20年代香港工人运动的情况,如信中提到"此次罢工使英国人及卖国奸商(对待国人)的态度有所收敛、香港的楼宇价值大降",认为"此次罢工之功……再进一步,则我中国未可限量也",肯定了这次香港工人大罢工中所展现的工人阶级反帝反封建的伟大力量。

记者看到,这封信的信封正面写有"Wellington England 余礼慈兄收"的字样,信封背面盖有"Hong Kong"字样的邮戳。结合书信的抬头和落款,五邑大学广东侨乡文化研究院院长刘进教授认为写信者应名为余礼津,收信人则可能是侨居英国威灵顿的余礼慈。这是一封兄弟之间的家书，写信人余礼津在信中谈了自己从英国回到香港两三个月后的近况，谈到了生意的惨淡，还谈到了对当下时局的看法。

信中写道："至于香港近时情形，自经此次罢工风波之后，在英人方面，其态度略见和平。至于在港奸商以卖国之徒，亦见下气。目下，在港楼宇只值半价，无人承受，皆此次罢工之功。"刘进教授认为，信中所提到的罢工，很有可能是发生于1925年6月至1926年10月的省港大罢工，"香港海员大罢工主要是香港的中国海员工人为反对英帝国主义压迫、争取改善待遇而举行的罢工斗争，偏向于经济诉求。而省港大罢工则更多的是工人的政治诉求，其影响力更大、波及面更广、持续时间更长，且沉重打击了帝国主义，特别是英帝国主义"。

刘进教授边解读边分析说："信中首先是对个人近况的介绍，提到当下生意惨淡，难以栖身，打算年底就回英国。正在进行清算结账事宜，以便腾出银两应付小儿娶亲之用。随后他提到了香港时局，经过此次罢工后，英国人以及奸商卖国之徒的恶劣态度有所收敛，楼价大跌，但是仍无人问津。写信人认为这是罢工所取得的功劳。虽然信中没有提到具体时间，但从写信人的叙事中，基本可以判断出信中提到的罢工为20世纪20年代初期，发生于香港的两次较具规模的工人运动之一。我更倾向于省港大罢工。从中也可看出，香港早期工人运动的如火如荼，影响范围之广。"

刘进教授表示，广州和香港两地同时爆发的规模宏大的省港大罢工有力支援了上海人民的"五卅"反帝爱国运动。此次罢工由共产党

人邓中夏、苏兆征、陈延年等领导，历时1年零4个月，是20世纪80年代以前世界工人运动史上时间最长的一次大罢工。

对祖国前景的展望显示华侨对工农革命态度的转变

刘进教授在其论文《江门：从滨江商贸小镇到连通海洋的城市——以近代海关文献为主的历史考察》中提到，由于五邑地区水路发达，1904年江门开埠后，与香港之间的经济交流愈加频繁，越来越多的五邑先民转道香港前往南洋、北美和欧洲等地区，其中无法出国的则留在了香港，他们中的大部分成为海运工人。这些工人长期忍受着帝国主义、资产阶级以及港英政府的压迫，干着最艰苦的体力劳动，过着风餐露宿、食不果腹的生活。

在这样的时代背景下，为声援上海"五卅运动"，1925年6月，由中国共产党领导的省港大罢工爆发了。"省港大罢工使香港各界实现了全面罢工，罢工人数达到25万人之多。当时罢工的工人纷纷乘火车或轮船返回江门、广州等地。罢工给英帝国主义和香港经济带来沉重打击，这和信中对罢工的描述是很接近的。"刘进教授说，"从信中内容可以看出写信人具备了较高的政治判断力，他对此次罢工是赞成的，他对长期受压迫的工人阶级是同情的，他对工人运动抱有期待。"

而对于这种"期待",中共江门市委党史研究室四级主任科员杨清华则认为,信中内容反映了华侨对工人阶级所代表的新的中国革命力量的期望,"从信中可以看出写信人是一位做小本生意的普通华侨,在近代中国,他们这一类人在夹缝中求生存,对当时中国政治环境多有不满,对不公正、不公平的市场环境也多有抱怨。持续时间长达16个月的省港大罢工展现了工人阶级的力量,一种能沉重打击帝国主义、封建主义的新兴力量,一种能给中国带来光明前景的革命力量"。

"这封信非常珍贵,从中可以窥见华侨对于工人阶级力量的期待,是一份展现广大海外华侨期望中国革命光明前景的重要佐证。"杨清华表示,除了信件之外,从各类史料中也可以印证华侨华人和港澳同胞对于香港早期工人运动的支持。如省港大罢工中,华侨华人和港澳同胞通过开展反帝爱国宣传、筹款捐物援助罢工工人、组织华侨参观团慰问等方式,动员一切力量支援省港大罢工。

华侨大学政治与公共管理学院原院长蔡振翔教授也在其专著中提到,在省港大罢工中,海外华侨通过经济支援、政治宣传等方式,自始至终地在这场伟大的爱国运动中做出了积极的、重要的贡献。华侨的捐款占了省港大罢工总费用的一半左右,在经济上成为罢工工人的坚强后盾。值得重视的是,除了南洋一带的华侨一如既往,最为积极支持以外,欧洲的华侨也开始行动起来,表明自己的力量及对祖国命运的关心。

五邑革命先辈在香港早期工人运动中扮演重要角色

"写信人通过对香港工人大罢工的观察,敏锐地看到了工人阶级所代表的推动中国革命事业向前发展的新生力量。中国共产党领导中国人民取得了革命事业的辉煌胜利印证了'倘能从此做去再进一步,则我中国未可限量也'这句话。"杨清华告诉记者,在工人阶级推动中国革命事业向前发展的过程中,五邑籍革命先辈扮演着重要角色。

杨清华介绍说,陈权、林锵云、冯燊、禤荣等五邑籍革命先辈在省港大罢工中感受到工人阶级的伟大力量,进而由资产阶级革命者成长为无产阶级革命家。

陈权,江门外海人。1925年参加省港大罢工,同年加入中国共产党,成为中华海员工业联合总会领导,1929年在上海担任中华全国总工会常务委员期间被捕,1930年11月1日病逝于狱中。

林锵云,江门新会罗坑下沙乡人。13岁随父亲到香港谋生,成为一名香港海员。1922年1月参加香港海员大罢工,感受到工人阶级的伟大力量,逐渐成长为无产阶级革命者。1925年6月参加省港大罢工,担任罢工宣传骨干,先后到广州、江门、台山等地开展反帝爱国宣传。1926年加入中国共产党。

冯燊,江门恩平圣堂天村人。1922年1月,参加香港海员大罢工,感受到工人阶级的伟大力量,逐渐成长为无产阶级革命者。1925年参加省港大罢工,同年加入中国共产党。在省港大罢工中,他先后担任骑船队"大虎"号、"佛山"号两艘快艇的党代表、农运特派员等职。

禤荣,江门恩平圣堂隔巷村人,1893年生于香港,1922年和1925年参加香港海员大罢工和省港大罢工,1926年6月,返回家乡成立恩平第一个农民协会——长安乡农会。1927年,组织发动恩平县"九一五"农民武装起义,参加广州起义。1938年受党组织派遣到香港接待安置来华支援中国人民抗日战争的加拿大著名医生白求恩。

叶季壮、陈日光、冯剑光等五邑地区的革命先辈虽没有到香港直接参与到工人运动中,但在江门后方都有力地组织了声援香港工人罢工的工农运动。

曾担任中共新会支部委员,中共江门支部、中共新会县委、中共四邑地委、中共五邑地委书记的叶季壮积极发动工农群众支援省港大罢工,组织领导了江门一带的工人群众开展革命活动。1925年6月,省港大罢工爆发,叶季壮从香港返回江门。他通过《四邑平报》组织罢工委员会和各界群众,配合参与广州东较场10万多人的集会,追悼"五卅惨案"死难同胞,抗议帝国主义暴行。

陈日光,新会会城人。"五卅"惨案发生后,他组织新会全县工人总罢工一天,游行示威,并发动新会学生分社、新会工会联合会发出致全国同胞的通电。6月中旬,省港大罢工爆发后,陈日光组织成立新会各界群众援助省港罢工后援会,被推为主任委员,进行宣传和募捐活动。接着,省港罢工委员会驻江门办事处成立,陈日光任主任。随后他设置接待站安置由香港回县的罢工工人及家属700余人,还组

织工人纠察队,协助省港罢工委员会驻江门的纠察大队做好封锁香港和缉私工作。

冯剑光,鹤山沙坪越塘望楼坊人。他在省港大罢工时担任工人纠察队第二大队队长,率领第二大队驻守香山县(中山)与澳门相对峙。他还是省港大罢工工人代表大会"白话剧社"的文艺骨干。封锁香港后,他与纠察队员中的话剧爱好者,以当地发生的事情为原型编写剧本,揭露土豪劣绅、奸商的走私活动,在当地的联欢会上演出,宣传省港大罢工的政策和工农联盟的道理,以提高工人纠察队员和驻地群众的思想认识,从而巩固工农联盟基础,壮大反帝爱国运动队伍。

杨清华表示,在香港海员大罢工、省港大罢工等香港早期工人运动中逐渐成长的这些革命先辈为五邑地区新民主主义革命的胜利做出了突出的贡献,他们从中感受到工人阶级的伟大力量,并通过学习《新青年》《共产党宣言》等进步书籍,成长为无产阶级革命家。此外,五邑地区工农群众在支援省港大罢工的过程中得到了锻炼,激发了其反帝反封建的斗争精神,促进了五邑革命力量的发展壮大。

【作者】江门广播电视台丁田发
【来源】江门广播电视台

礼津给和均、礼慈的信（1925年6月30日）

和均 礼慈：

  二位均鉴。启者：弟回唐以（已）有二三月之久，出入数次，在家时候甚少，现下仍在英利灰窑居住，然目下生意大淡，实实难以栖身，不过在此候和桂清算数目而已，故准于今年尾回英，另作良图，为希早日交易，早日将银付来以应小儿收亲之用为荷。现昌盛分一支店在本街，名曰"美洲"，亦算华美。吾兄何时回唐，祈先字报知，以便着人相接更好。至于香港近时情形，自经此次罢工风潮之后，在英人方面其态度略见和平，至于在港奸商以（与）卖国之徒亦见下气，目下在港楼宇只值半价，无人承受，皆此次罢工之功。倘能从此做去，再进一步，则我中国未可限量也。各人平安，祈为勿念。顺问。近好。

五月初十日 礼津字札

【资料来源】江门五邑华侨华人博物馆

扫码观看
侨批故事视频

"组成人民联合政府,乃解决国内政治唯一之方法"

——司徒美堂1948年写给中央领导的一封侨批

> 今南京蒋介石政权,专制横暴,倒行逆施,贪污腐化,卖国求荣。发动剿民内战,搜刮民间资财,人心向背,千夫所指。覆亡之日,必在不远。
>
> ——司徒美堂

　　他的一生充满传奇,从支持辛亥革命到追随中国共产党,只为建立富强、民主的新中国。他就是祖籍开平、中国近代史上与陈嘉庚齐名的爱国侨领司徒美堂。

　　1840年鸦片战争开始,西方列强的野蛮侵略和国内封建专制的腐

朽统治，使中华民族陷入内忧外患的灾难深渊，身处海外的侨胞因祖国积贫积弱而备受蔑视、排斥、欺凌。

打倒列强，实现中华民族独立，建立民主、自由的新中国，是近代以来海外侨胞孜孜以求的目标，他们前赴后继参与了祖国的民族民主革命，不断寻找救国救民之路。在风雨如晦的漫漫长夜，正是中国共产党的成立，从根本上改变了中国历史发展的方向，也让司徒美堂等人认识到，中国共产党就是实现民主政治理想的领导力量所在。

近日，有一批与司徒美堂有关的银信被收藏于中国华侨历史博物馆和江门五邑华侨华人博物馆，虽然已经过去数十年，在信中，我们依然能聆听到来自海外侨胞穿越时空的回声：作为中华民族大家庭的一员，他们在历史进程中选择了中国共产党……

一生为革命事业奔波

1868年，司徒美堂出生于开平一个破产的农民家庭。

鸦片战争以后，闽粤沿海地区的许多劳动人民为生活所迫，远涉重洋谋求生路，年少的司徒美堂也成了他们中的一员，在美国旧金山开始了近70年的侨居生活。

司徒美堂一生为革命事业奔波。1885年，17岁的司徒美堂加入了洪门致公堂。海外洪门素有爱国爱乡的民族情结，对国内的变革十分关注。在随后的数十年岁月里，司徒美堂虽然身在海外，却始终心系祖国，积极参与祖国革命事业。辛亥革命时期，他坚定追随孙中山先生，推翻腐朽的满清政府。抗日战争中，他不遗余力发动美洲华侨捐资支持国内抗战。抗战期间，纽约"筹饷总局"募捐达1400万美元，其中，由司徒美堂领导的安良堂是为祖国捐款最多的纽约侨胞社团之一。解放战争期间，他又发动华侨支持祖国人民的正义斗争……

信中，司徒美堂说："美堂奔走革命六十余年，深信民主政治必须实现。"

选择跟随中国共产党

抗日战争胜利后，全国人民包括海外华侨都渴望建立一个真正独立、民主、统一、富强的新中国，而国民党却逆历史潮流而发动大规模内战，把满目疮痍的中国又推向了战争的深渊。

信中，司徒美堂回顾了1946年在南京与周恩来率领的中国共产党代表团分别的情形，直言表述了对国内政局的担忧和愤懑："今南京蒋介石政权，专制横暴，倒行逆施，贪污腐化，卖国求荣。发动剿民内战，搜刮民间资财，人心向背，千夫所指。覆亡之日，必在不远。"

"司徒美堂一生经历了中国近现代史上几乎所有的重大历史事件。几十年的革命经历，坚定的中华民族独立、民主、自由的政治追求,使他在中华民族发展的重大转折关头,做出正确的抉择。"五邑大学广东侨乡文化研究院张国雄教授说。

1948年4月30日,在人民解放战争顺利进行的形势下,中共中央在纪念"五一"劳动节的口号中,发出了召开新的"政治协商会议,讨论并实现召集人民代表大会,成立民主联合政府"的号召。海外侨胞反响非常热烈。陈嘉庚主持召开新加坡侨团大会,在海外率先响应中共"五一口号"。仍在特务监视下的司徒美堂得知后,也公开声明拥护中国共产党召开新政治协商会议、组建人民民主政府的主张。

"一生致力于中华民族独立、富强、民主革命事业的司徒美堂,在中国发展历史进程中,欣慰地看到了中国共产党的努力",张国雄说,"他认为中国共产党就是实现民主政治理想的领导力量所在。"

信中,司徒美堂说:"先生等为祖国之自由解放而奋斗,毋任钦佩!""贵党与各民主党派所号召之新政治协商会议,以组成人民联合政府,美堂认为乃解决国内政治唯一之方法。"

所以,中共中央发出召开新的"政治协商会议,讨论并实现召集人民代表大会,成立民主联合政府"的号召得到司徒美堂的积极响应和支持。在信中,司徒美堂说:"衷心表示拥护!"并说,"一俟堂务稍告头绪,当即赶返参加,追随诸君子之后,共为新民主主义之中国而努力。"

司徒美堂完全站到了中国共产党领导的进步阵营,他将自己在中国实现民主政治的理想寄托到中国共产党身上,对新政权充满信心。

1949年,司徒美堂回国后到达北京,参与了新政治协商会议的召开、民主联合政府的组建。1955年,他因病在北京去世。中央人民政府对这位辛亥老人的革命功绩进行了高度评价:"司徒美堂一生所走的道路,反映着国外爱国侨胞从鸦片战争以来所走的道路。"

号召侨胞跟随中国共产党

"海外侨胞有着浓厚的家国情怀,希望中国独立、富强、民主是深植于心、念兹在兹的追求和根本信念所在。"张国雄说,"司徒美堂是从华工成长起来的爱国侨领、世界洪门领袖,他的政治态度具有广泛的代表性和影响力。不仅他自己坚定追随中国共产党,而且,作为爱国侨领,在他的影响下,广大海外侨胞也认清了中国的政治领导力量所在,选择了追随中国共产党。"

据史料记载,在给毛泽东、周恩来写信之前,即1948年8月12日,司徒美堂就在香港建国酒家举行记者招待会,发表回美国前的"临别赠言",指出回国后的耳闻目睹,使自己实在不能缄默无言。过去侨胞出钱、出血、抛头颅,完全是为了祖国和民族的昌盛。今后,谁能解救祖国于危亡,使民众安居乐业,即馨香祷祝之。这是他以美洲洪门致公堂耆老身份第一次公开发表的政见,当时香港各报都作为要闻刊出,轰动一时。

信中,司徒美堂也说:"当号召海外侨胞与洪门兄弟誓为后盾。"

而在返美后,司徒美堂又在香港报纸刊登《拥护中国共产党召开新政治协商会议的声明》:"今中共及民主党派所号召以四大家族除外之新政治协商会议,进行组织人民民主联合政府之主张,余认为乃解决国内政治问题唯一良好之方法,表示热诚拥护,并愿以八十有二之老年,为中国解放而努力。"

在进步侨胞人士的支持下,司徒美堂到美国西部各城市唐人街去访问演讲,宣传祖国解放战争的大好形势,对团结爱国侨胞、澄清思想,都起了积极的作用。众多海外侨团纷纷响应,形成了海外侨胞心向中国共产党的强大声势。

此后,新中国成立的消息传到海外后,海外侨胞奔走相告、额手称庆。各大洲华侨通过各种集会、座谈会、游行等方式表达对新中国成立的喜悦之情。中国共产党领导和建设新中国,吸引了大量海外侨胞毅然放弃国外优越的生活,回国参加社会主义建设,为新中国打破帝国主义封锁、实现快速发展做出贡献……

以历史观照现实。张国雄表示,在实现中华民族伟大复兴中国梦、推动构建人类命运共同体的伟大进程中,海外侨胞也一定能够发挥新的重要作用。

【作者】《江门日报》严建广
【来源】《江门日报》

司徒美堂致毛泽东、周恩来函（1948年10月23日）

一九四八年10月23日

周之、毛二位先生道鉴：南京一别，忽已四年。先生善为遘国之自由、解放而奋斗，每佩钦佩。缅怀家驰汉下，周旋爱之情，良用感愧。美堂奔走革命六十余年，惟望民主政治之实现。今南京蒋介石政权，专制横暴，倒行逆施，贪污腐化，卖国殃民，内战损剥民间资财，人民皆千夫所指，覆亡之日，仁在不远。贵党对民主之主张，领导人民联合政府之主张，实为解决国内政治唯一之方法。兹闻贵党倡议，发起召开新政治协商会议，以选真人民代表，建设民主联合政府，欢欣鼓舞，无可言喻。堂以海外侨胞，关怀祖国之命运，誓为后盾。兹决定返美一候堂务精告就绪，当即遄返参加，追随诸君子之后，共为新民主主义之中国而努力。临风翘企，无任祷企。

道祺

司徒美堂 拜启
卅七年十月廿三日于香港

润之、恩来两位先生道鉴：

南京一别，忽已两年。先生等为祖国之自由解放而奋斗，毋任钦佩。复蒙驰讯下问，过爱之情，良用感愧。

美堂奔走革命六十余年，深信民主政治必须实现。今南京蒋介石政权，专制横暴，倒行逆施，贪污腐化，卖国求荣，发动剿民内战，搜刮民间资财，人心向背，千夫所指，覆亡之日，必在不远。贵党与各民主党派所号召之新政治协商会议，以组织人民联合政府，美堂认为乃解决国内政治唯一之方法，衷心表示拥护。当号召海外侨胞与洪门兄弟誓为后盾。

兹以美洲洪门会务急待整理，故先行返美。一俟堂务稍告头绪，当即赶返参加，追随诸君子之后，共为新民主主义之中国而努力。届时如未克抽身，另派代表前来，敬候教诲也。临风布意此颂

道祺

司徒美堂

卅七年十月廿三日于香港

【资料来源】中国华侨博物馆

扫码观看
侨批故事视频

"我用行动来参加了革命队伍里"

—— 加拿大华侨梁葆常 1949 年给新会妻子的一封侨批

> 但时至今日呵!天亮了,我们中华民族百多年来受外人所旋(施)的奇耻大辱,用我们勇士的血来洗涤净尽了!我们有了那群受尽人间所有的苦难的智识者群来领导建立人民政权,建立一个新的画(划)时代的自由独立的国家,我就很快的(地)愿意回来共同受苦了,因为国家重建的巨业,要全国人民受很相当长的时期才能建到的。
>
> ——梁葆常

侨批是海外华侨连接家人、家乡、祖国的核心纽带。江门侨批字里行间不只是家长里短,还有着浓浓家国情怀。

走进江门五邑华侨华人博物馆,一组由爱国侨胞梁葆常寄给家人的侨批,读来让人心潮澎湃。得知新中国即将成立,他难掩激动,写下"我们有了那群受尽人间所有的苦难的知识者群来领导建立人民主权,建立一个新的画(划)时代的自由独立的国家"。得知祖国建设需要华侨华人的支持,他冲出重重阻碍回国,把在加拿大的资产全部转回祖国,写下"我用行动来参加了革命队伍里"。

"用行动来参加了革命队伍里"

"我们筹备'我和我的祖国暨五邑籍华侨华人共建桑梓展'时,认识了梁葆常的儿子梁汉超先生,到他家中拜访时,了解到很多爱国侨胞梁葆常的故事。梁汉超先生更将他父亲的物品无偿交给江门市博物馆保管,希望能让更多读者了解侨胞的爱国故事。这为我们后续挖掘这些侨批的故事打下了基础。"江门市博物馆宣教文创部主任张一知介绍。

梁葆常是江门新会人,15岁时到加拿大谋生,先后做裁缝、厨工,经营裁缝业、饮食业等。"梁葆常一直坚定地支持中国共产党和新中国建设。"江门市博物馆陈列保管部主任吴兆骏说,从他写给妻子、儿子的信中可以看到,他的态度一直非常坚定。1949年中华人民共和国成立前,他写信给妻子,说:"对于这个新局势,我抱极大的信心。"

在信中,他还说:"我们中华民族百多年来受外人所旋(施)的奇耻大辱，用我们勇士的血来洗涤净尽了！我们有了那群受尽人间所有的苦难的知识者群来领导建立人民主权，建立一个新的画（划）时代的自由独立的国家。我就很快的（地）愿意回来共同受苦了，因为国家重建的巨业，要全国人民受（很）相当长的时期才能达到的。"

"梁葆常他放弃入籍，因为他对中国共产党和即将成立的新中国抱有很大的希望，还有很高的评价。这也可能是基于他在海外的一些生活经验，让他看清楚反动派的真面目。"吴兆骏分析。

梁葆常也是加拿大侨领。1957年，梁葆常回国观光后深受触动，1959年把在加拿大的资产全部转回祖国，支持祖国建设，并在广州华侨新村建房居住。是年，他写给儿子的信中，可以感受到他即将回到祖国的激动心情。他认为，"已结束了可悲的海外生涯了，回来光明康壮（庄）的祖国了！"

尽管回国受到一些阻挠，但梁葆常在信中说："许多人未同意我的见解，但我用行动来参加了革命队伍里，在那数十余年的争斗中［，以］坚决奋勇不移的意志完成我那意识和认识的。"

一家几代人支持新中国建设

梁葆常的爱国心和桑梓情，在他写给妻儿的信中展现得淋漓尽致。回国后，他对中国共产党领导下的新中国未来的发展更加充满信心,也以此鼓励教育儿子。他说:"困难感肯定是有的。但从六亿五千万人口着想,和共产党人以身作则,先天下之忧而忧,后天下之乐而乐的优良作风,还有优待华侨的措施等,困难感就很快消失了"。

"回国参观后,父亲就下定了决心回乡支持祖国建设。因为他始终记得,自己是一个中国人,祖国永远在他的心中。"梁汉超回忆,"父亲回国后,更自愿成为一名侨务工作者。工作之外,他经常邀请侨胞到家里聚会,为家乡的发展出谋划策,家里几乎也成为了他的办公室。"

梁葆常的精神和作为一直影响着儿子。"父亲去世前,仍在嘱托我,要在自己的岗位上努力奋斗,为祖国的发展真正贡献自己的力量,才不枉此生。这样的精神一直激励着我发奋向前,做出更多的成绩。"梁汉超说。

在梁葆常的言传身教下,梁汉超发奋学习,参加国内多个重要电力项目的建设。"父亲说的话,父亲做的事,一直影响着我。无论我走到哪里工作生活,祖国永远在我心中。"梁汉超告诉记者,"我曾在北京、南京等地的研究所工作,也参加过广东的核电项目建设,深刻感受到祖国的发展之快、变化之大,国家之强盛。我真想让父亲看看,现在的中国,是多么美丽,多么让人感到自豪!"

五邑侨胞的拳拳赤子心、殷殷爱国情,不仅影响着梁汉超,更影响着一代年轻人。梁汉超的外孙女在国外学习,目前致力于传播中华优秀文化。有一次,课堂上的老师由于不了解中国目前的发展情况,进行了错误的介绍。梁汉超的外孙女马上举手,向老师和同学介绍了中国的发展情况:"老师,我所见到的中国并不是这样的。我们的道路交通迅猛发展,城市生活越来越便利,环境越来越美……"

【作者】《南方日报》戴惠甜
【来源】南方+

梁葆常写给妻子瑞姬的银信（1949年8月8日）

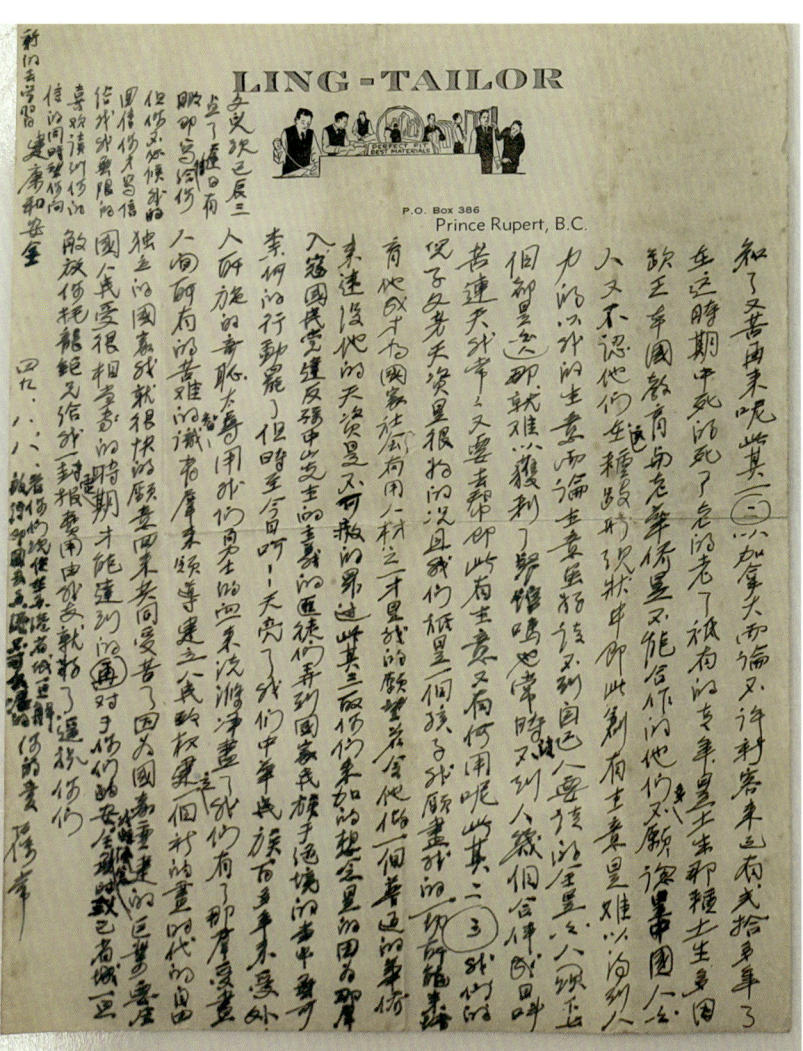

我的爱瑞姬：

你们的信收到了。现由龙钜兄转交你港银四百元，请你收用。请代交东生兄弍（贰）拾元，文儿和你的妈妈各拾元。

今日消息，衡阳防线已被共军打破了。粤城解放为时不远了，你们现在何处我是未知的，祝你们平安度过这过度（渡）时期就好了。

对于这个新局势，我抱极大的信心，所以我放弃入籍了，有许多人用许多黑钱来得到入籍和取得妻子来加，我又为何伸手可得而放弃，她（它）的理由有三：

（一）我身处异域已数十寒暑，回忆过去真是心肠寸断，受人歧视压迫无所不至，我此生此世已受够了，何忽使我的后代可爱的儿子承受此奇耻呢？而且这种生离死别的处境那（哪）里是人的生活？出外洋只适合有一种人，那种人是奴隶成性，视财如命，有了钱就万事皆休的人生观念，什么奇耻大辱于他们是无干（关）的。若稍有点知识和正义感的人，倘又能打出重围，自己去经营事业，又不愿受人压迫，因此而迷没了不知几许。那种有用的人，不过本国未有良好的政府，弄到国困民艰，无以为生，不惜离乡别祖，牺牲一生的幸福，以求口个之计，那是千世万代不能忘的华侨痛苦的生活的，既然知了又（何）苦再来呢？此其一。

（二）以加拿大而论，不许新客来已有弍（贰）十多年了，在这时期中死的死了，老的老了，只有的青年是土生那种，土生多因缺乏本国教育，与老华侨是不能合作的，他们多又不愿认是中国人，白人又不认他们，在这种畸形现状中，即此创有生意是难以得到人力的。以我的生意而论，生意虽好，请不到自己人，要请的全是白人（现下七个都是白人），那就难以获利了。餐馆吗（嘛），也常时请不到人，几个合伴成日叫苦连天，我常常又要去帮。即此有生意又有何用呢？此其二。

（三）我们的儿子文尧天资是很好的，况且我们只是（有）一个孩子，我愿尽我的一切所能来培育他成才，为国家社会有用人材之才，是我的愿望。若令他做一个普通的华侨来迷没（埋没）他的天资是不可赦的罪过，此其三。

取你们来加的想念是（的）因为那群入寇国民党，违反孙中山先生的主义的匪徒们弄到国家民族于绝境的当中，无可奈何的行动罢了。但时至今日呵！天亮了，我们中华民族百多年来受外人所旋（施）的奇耻大辱，用我们勇士的血来洗涤净尽了！我们有了那群受尽人间所有的苦难的智识者群来领导建立人民政权，建立一个新的画（划）时代的自由独立的国家，我就很快的（地）愿意回来共同受苦了，因为国家重建的巨业，要全国人民受很相当长的时期才能建到的。对于你们的安全，我□□□无时或已。省城一旦解放，你托龙钜兄给我一封电报，费用由我支就好了。遥祝你们建（健）康和安全。

文儿，现已辰三点了，迟日有暇即写信给你，但你又不必候我的回信你才写信给我，我无限的喜欢读到你的信的，同时望你向新的去学习。

若你们现住在香港,省城一旦解放,请即回去,香港不可久居的。

你的爱葆常

四九·八·八

【资料来源】江门五邑华侨华人博物馆

扫码观看
侨批故事视频

"解放军进兵迅速,军纪严明,小号幸无损失"

——商户黎松1949年给开平归侨怀国先生的一封侨批

> 穗市已于去月十四日易手,幸解放军进兵迅速,军纪严明,小号幸无损失。
> ——黎松

在江门五邑华侨华人博物馆的收藏室有这样一封侨批。据介绍,这是广州刚解放不久的时候,在广州经商的归侨黎松写给在开平的归侨且为侨眷关怀国的信。在信中,黎松说,因为解放军进兵迅速、军纪严明,让他的店铺没有受到损失,日用必需品经营尚可维持生活而感到欣慰。

"这是一封1949年从广州寄到开平的信,写信者名叫黎松,"据江门五邑华侨华人博物馆陈列保管部负责人吴兆骏介绍,"这封信是博物馆在十多年前征集回来的,一直妥善保管。最近在进行资料整理时重新解读了其中的内容,对党史研究有一定的价值。"

江门是著名的侨乡,海外华侨华人通过侨批,将自己打拼赚来的钱寄回家乡,赡养亲人。而家乡的亲人把一部分钱用于投资,买田地或者铺面。有的人还在香港、广州等地投资兴办工商企业。"这些都是侨批中的侨汇在发生作用,除了改善家庭生活,也推动了当时商业和民族企业的发展。"五邑大学广东侨乡文化研究院院长刘进教授介绍。

"这封信的收信人怀国先生,是一名开平归侨,也是一名侨眷,他用侨汇在广州购买了商铺,出租给做小本买卖的黎松。"刘进介绍这封信的背景。

写信人黎松在信中提及一个重要历史事件,"穗市已于去月十四日易手",即广州解放,并盛赞:"幸解放军进兵迅速,军纪严明,小号幸无损失。"

"这短短的一句话,浓缩了深厚的军民鱼水情,赓续了人民军队为人民、人民军队人民爱的优良传统,是'军民团结如一人,试看天下谁能敌'光辉思想的生动体现。"刘进说。

黎松在信中对怀国提出:"现广州各业俱交五成租金,故特求阁下将租值减低五成。"在刘进看来,是在当时经济仍然比较困难的情况下，中国共产党领导下各行各业共担时艰的生动案例。"信中未提及任何政府政策法律，可以推论这是一项行业自发的、主动的行为，和当时中国共产党一心为民，努力稳定社会秩序的总体氛围不无关系。"

刘进表示，这封信从一个侧面也见证了共产党领导的新生人民政权城市治理能力，尤其是大城市的治理能力。

据介绍，在新中国成立之初，摆在新生政权面前的经济挑战十分严峻。国民党统治时期恶性通货膨胀的影响仍在延续，一大批不法投机商趁机兴风作浪，致使黄金、银圆、外币充斥市场，物价猛烈上涨，经济秩序混乱。

"人民政权有没有能力制止恶性的通货膨胀，把经济形势稳定下来，把生产恢复起来，从而在政治上站稳脚跟，这是广大人民群众所殷切期待的，也考验着中国共产党的执政能力，尤其是在广州、上海等大城市的治理能力。"刘进说。

据广东省档案馆、广州市档案馆等档案史料记载，当年，国民党当局在败退广州前夕，提出"总撤退、总罢工、总破坏"的行动口号，妄图把广州变成废墟，还炸毁了当时珠江上的第一条跨江大桥——海珠桥。多年战祸动乱，广州交通被破坏，工商业萧条，农业衰落，物价混乱，人民生活贫困。"社会各界对解放广州充满期待，也有疑虑。"刘进说。

而广州解放后，新生的人民政权在维护社会治安的同时，还打响货币战争,一面突击取缔非法地下钱庄,一面采取温和策略稳定市场。在较短时间内就稳定了金融市场秩序,恢复了生产,使城市恢复正轨。

黎松写这封信时,广州已经解放了一个月。在信中,他说:"惟解放迄今,各行生意尚充满萧条状态,独卖日用必需品尚可支持而已。"

刘进表示,从黎松的信中看,当时新生的人民政权刚成立,受客观条件制约,虽然其他生意还萧条,而日用必需品生意不错。"在一个月之内,让城市稳定,恢复生产,彰显了共产党治理大城市的能力。"他说。

"紧紧地和中国人民站在一起,全心全意地为中国人民服务,是人民解放军唯一的宗旨。解放军自成立起就严格遵守三大纪律、八项注意,不拿群众一针一线,保护人民群众利益,军容严整、举止端正、文明礼貌,深受群众称赞。"刘进教授说。

【作者】《广州日报·新花城》黄文生
【来源】《广州日报》

黎松给怀国的信（1949年11月16日）

怀国先生大鉴：

敬复者：昨接来示，比聆一切。穗市已于去月十四日易手，幸解放军进兵迅速，军纪严明，小号幸无损失。惟解放迄今，各行生意尚充满萧条状态，独卖日用必需品尚可支持而已。

现广州各业俱交五成租金，故特求阁下将租值减低五成，想先生明达，当允我所求也。现政府要将租项往税局呈报，阁下谅有知闻，

未悉小号该报若干为合。以上两事祈拨冗到来磋商，如不暇者，祈即详细示（复）为荷。草此并候。

近安。

弟 黎松 字上

（民国）卅八（年）十一月十六日

【资料来源】江门五邑华侨华人博物馆

扫码观看
侨批故事视频

"望广为宣传,发动侨胞热烈投资于此一公私两利之事业"

——时任台山县人民政府县长谢永宽
1950年写给美国华侨陈厚父的一封侨批

> 惟全部工程建筑费用不敷,仍达港币数十万元之巨,希先生在处与热心侨胞商量,迅速普遍招股(每股港币十元),依照专家计算,该项水电完成以后,每月收入达港汇七十万元之巨,一年即可还本。望广为宣传,发动侨胞热烈投资于此一公私两利之事业,俾能依期完成,无任企盼。
> ——谢永宽

在江门市五邑华侨华人博物馆举办的"侨心向党同心圆梦——五邑华侨华人与中国共产党专题展"中,一封1950年时任台山县人民政

府首任县长谢永宽给美国华侨陈厚父寄出的侨批信件引人注目。五邑大学广东侨乡文化研究院院长、教授刘进表示,这是他在研究侨批信件过程中首次见到有中国共产党的地方党政负责人给海外华侨写信,"这一封侨批信件非常特殊,非常珍贵"。

县长写信安"侨"心

写信人谢永宽1917年出生于开平的一个华侨家庭,1938年加入中国共产党,1949年5月任台山县人民政府首任县长。新中国成立后,谢永宽曾任中共台山县委书记、县长,中共粤西区党委常委、秘书长,中共湛江地委副书记,广东省水产厅党组书记、厅长等职务。谢永宽特别重视华侨工作,1950年他参加了台山县人民政府招待归国华侨代表会,针对台山是著名侨乡和教育发达的特点,发动华侨力量发展文化教育事业。退休后,他发动江门开平市开侨中学校友共同筹资,改善学校的住宿和膳堂条件。1983年,谢永宽、周天行等还创立了开侨中学校友会,同年创办《开侨校友通讯》刊物,加强海内外校友之间的联系。

该信的收藏者罗达全介绍,在这封1950年寄出的信件中,谢永宽介绍了新中国成立后,台山县在党的带领之下,召开人民代表大会,扫除匪特、恢复社会秩序、恢复农业生产以及公粮公债等征收、恢复经济秩序、发展工商业、畅通侨汇等情况。作为研究者，刘进点出了信件的珍贵之处："与常见的侨批不同，这封信的内容不是家长里短，而是关于台山的发展建设，是一封特别而又具有代表性的侨批。"信中指出："月来由于政府与人民密切合作，四乡治安已趋安谧……尤可告慰者，全国物价月来纷纷下跌，币值稳定，以我县而言，市面港币黑市，已不复存在。广州侨汇激增，我台山之侨汇……亦有显著增加。"

发动侨胞热烈投资

在简述目前台山社会情况后，谢永宽在信中重点提到了鼓励华侨投资台山发展当地工商业的期盼。信中提出："本县为进一步改善人民经济生活，最近又决定在各区大圩市组织贸易公司和侨眷合作社……并积极建设蛮陂头水电工程。"

据介绍，蛮陂头水电工程被誉为"中国第二座水力发电站""中南地区第一颗水电明珠"，具有相当重要的意义。早在新中国成立前，台山当地已有建设计划，并订购了设施，但由于时局动荡，无法实施。新中国成立后，该工程才正式提上日程。谢永宽认为："该项工程之建设完成，对我台山工业发展前途影响甚大，斐（匪）特工程本身可供给工业电力，且为我台山建设事业创下良好开端，刺激及引

导侨资、游资投向生产事业。"

由于新中国成立之初百废待兴，而水电工程建设耗资巨大，谢永宽因此向陈厚父等海外台山华侨"求助"："惟全部工程建筑费用不敷，仍达港币数十万元之巨，希先生在处与热心侨胞商量，迅速普遍招股（每股港币十元），依照专家计算，该项水电完成以后，每月收入达港汇七十万元之巨，一年即可还本。望广为宣传，发动侨胞热烈投资于此一公私两利之事业，俾能依期完成，无任企盼。"

华侨投资获分红

刘进表示，信中内容说明台山县希望华侨能入股投资工程，并没有要求无偿捐赠。而且这种投资是有回报的，会按时发予股息或红利。罗达全介绍，招股书一经发出，便得到了华侨的热烈回应，大家纷纷尽自己的一份力量，购入股票，支援建设，"政府争取到了很多华侨参与投资，终于在1952年成功建成水电站并投入使用。"

在同一展览中，还展出了与这封侨批相关的蛮陂头水电工程股票。股票上认真登记了政府给投资人发放股息红利等信息。刘进表示："既然允诺了是招股投资，那就要给予分红。台山政府对华侨的利益很尊重，投资的招股书字据清晰，保留完整。这是党和政府爱护华侨、保护华侨利益的体现。"

他认为，新中国成立后，从中央到地方，各级政府都非常重视保护华侨，特别是归侨和侨眷的正当权益。因此，党和国家制定了一系列有利于华侨在当地生存和发展，有利于保护侨眷、归侨合法权益的方针、政策和法规、法律。这些政策在新中国成立初的《中国人民政治协商会议共同纲领》以及1954年第一部宪法等中都有体现。一系列措施让海外华侨对家乡发展更有信心，也更踊跃投资参与祖国建设，侨汇收入都一直保持比较高的数额。统计资料显示，1950年至1960年，台山县侨汇收入每年保持在1500万美元左右，其中开平县（现江门开平市）为400万美元左右，不仅支持了侨乡发展稳定，也为国家储备了外汇。

【作者】羊城晚报全媒体陈卓栋

【来源】《羊城晚报·羊城派》

谢永宽致陈厚父函（1950年4月20日）

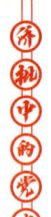

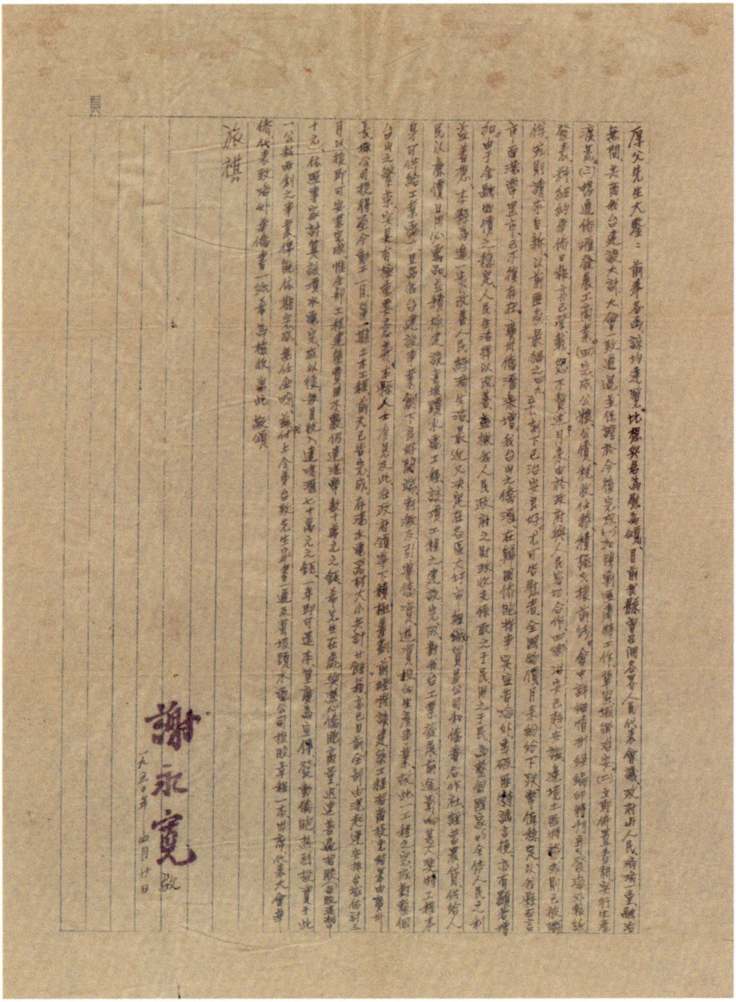

厚父先生大鉴：

……

旅祺

谢永宽 敬

一九五〇年四月廿日

厚父先生大鉴：

前奉各函，谅均达览。比想兴居为慰为颂。

月前我县曾召开各界人民代表会议，政府与人民济济一堂，融洽无间，共商我台[山]建设大计。大会一致通过并保证于今后完成：

（一）加强剿匪肃特工作，巩固城乡治安。

（二）立即布置春耕，实行生产渡荒。

（三）畅通侨汇，发展工商业。

（四）完成公粮、公债、税收任务，积极支援前线。

会中详细情形经编印特刊寄发海外报纸发表，料《纽约华侨日报》亦登载，恕不赘述。

月来由于政府与人民密切合作，四乡治安已趋安谧，边境土匪特务，或则已被歼俘，或则请求自新，以前匪氛最猖之四九、五十刻下已治安良好。尤可告慰者，全国物价月来纷纷下跌，币值稳定，以我县而言，市面港币黑市，已不复存在。广州侨汇激增，我台山之侨汇，在归国侨胞将事实宣告海外，击破匪特谣言后，亦有显著增加。由于金融物价之稳定，人民生活得以改善，益征我人民政府之财政收支系取之于民，用之于民，为整个国家与全体人民之利益着想。

本县为进一步改善人民经济生活，最近又决定在各区大圩市组织贸易公司和侨眷合作社，经营农贷，供给人民以廉价日用必需品，并积极建设蛮陂头水电工程。该项工程之建设完成，对我台[山]工业发展前途影响甚大，斐（匪）特工程本身可供给工业电力，且为我台[山]建设事业创下良好开端,刺激及引导侨资、游资投向生产事业,故此一工程之完成对整个台山之繁荣,实具有极重要意义。

本县人士有见及此,在政府领导下积极筹划,前经将该建筑工程招商投充,结果由广州长城公司投得,至今动工一月,第一期土木工程,前天已告完成。存港水电器材大小共计廿余箱,亦已日前全部由港起运安抵台城,估计三月以后,即可安装完成。惟全部工程建筑费用不敷,仍达港币数十万元之巨,希先生在处与热心侨胞商量,迅速普遍招股(每股港币十元),依照专家计算,该项水电完成以后,每月收入达港汇七十万元之巨,一年即可还本。望广为宣传,发动侨胞热烈投资于此一公私两利之事业,俾能依期完成,无任企盼。

兹代付上令弟台致先生家书一通,及蛮陂头水电公司招股章程一本,出席代表大会华侨代表致海外华侨书一纸,希为检收。

耑(专)此敬颂

旅祺!

谢永宽 启

1950年4月20日

【资料来源】广东江门市民间侨批收藏家罗达全

扫码观看
侨批故事视频

"今日的政府,真正系为大众谋利益"

—— 美国华侨谢汝健 1952 年写给开平妻子的一封侨批

> 现我国国际地位,已居强国之一,比以前政府不同,我国数十年来是旧的腐败政府及的土豪所造成。今日的政府,真正系为大众谋利益。
>
> ——谢汝健

作为儿子,他恪尽传统中国人的孝道,孝亲敬老;作为丈夫,他不忘一家之主的担当,为家庭生计在海外奔波;作为父亲,他在信中常念及的女儿,是他最难以割舍的牵挂。他是一位远渡重洋追寻"金山梦"的开平人,一位长年客居海外的五邑华侨,更是一位胸怀家

国、热爱家乡、体恤亲人的炎黄子孙。一位名叫谢汝健的男子与家人往来的十余封侨批,这一封封家书背后,蕴藏着华侨远隔万里重洋所诉说的家国故事。

侨批是华侨爱国爱乡爱家的历史见证

"两年前在开平,我无意中收藏到了这组侨批,主要是1949年至1953年期间,开平籍在美华侨谢汝健(字荣德)写给他的母亲关氏、妻子周春笑和女儿谢莲花的。"在台山宁城翻译社,侨批收藏家关翌春拿出他珍藏的一组侨批介绍说,"这些侨批是华侨爱国、爱乡、爱家的历史见证,也反映了一个时代的变迁,要好好保护、收藏和研究。"

关翌春刚收集到这些侨批时,他并不能通读,多亏了以为华侨子弟代笔写信谋生的老人赵东优帮忙,才读懂了所有的信,"读完之后,心中的历史责任感顿时倍增"。

赵东优今年已经80岁,他从十几岁(20世纪40年代)就开始为村里的华侨家眷代笔,而其中信的内容也多涉及家事和国事。

关翌春首先展示了一封谢汝健1949年12月9日写给家人的信,信中提到:"现解放军四处胜利,全国解放时期不远,料明年战争可以结束。在处新闻十分详明,唯对于四邑内地新闻未十分清楚。如来信，顺便告及内地情形。"

关翌春认为，从这封信可以看出谢汝健对全国的解放形势非常看好，希望国内战事尽快结束，"他非常关心国内时局，关心家乡的新闻，希望多了解一些国内的情况"。

家人担心成分问题，华侨对党和政府有信心
"如有捐款或征粮，祈照政府命令而行"

1950年6月30日，中央人民政府公布施行《中华人民共和国土地改革法》，同年冬起，在新解放区陆续开展了土地改革运动。身居海外的广大华侨及其在国内的家属多有忧虑，担心家中所定成分问题。谢汝健通过家书，也了解到了家人的这种担忧。

1951年农历十二月十六日，谢汝健在信中安慰妻子周春笑说："云定吾家为中农，未知实否？如若有其事，无甚重要，祈勿轻信谣言，以免忧虑。"

五邑大学广东侨乡文化研究院刘进教授表示，广大华侨出国前大多也是贫苦的农民，他们中的一些人在外创业成功后，陆续寄钱回家购置了田地。党和政府十分了解华侨的情况，颁布了《土地改革中对华侨土地财产的处理办法》，在土改过程中对华侨家庭予以照顾。所以谢汝健告诉家人不要轻信谣言，要对党和政府有信心。因此，谢汝

健在信中提醒家人,应积极支持政府的新政策,做到"如有捐款或征粮,祈照政府命令而行"。

新旧中国的对比,让华侨心生自豪
"现我国国际地位已居强国之一,比以前政府不同"

新中国成立后,海外华侨纷纷回国支援祖国建设,谢汝健从报纸上和归国华侨那里了解到祖国日新月异的变化,其欣欣向荣的面貌是旧中国和旧社会所无法比拟的,这一切都令他感到无比自豪。他在1952年6月13日写给妻子的信中提到:"现我国国际地位,已居强国之一,比以前政府不同,我国数十年来是旧的腐败政府,今日的政府,真正系为大众谋利益。"

对此,刘进教授分析说:"谢汝健在信中虽然多次提到自己正申请加入美国国籍,但他对家乡、对祖国还是非常关心的。从他的这组信中可以看出两种对比。一是对国民党反动派统治下的旧中国与中国共产党领导下的新中国的对比,另一个是美国政府对华侨华人的态度及新中国政府全心全意为人民服务、优待华侨及其侨眷的对比。"

但谢汝健笔锋一转,写道:"但中国必要改革,然后好能强国。"刘进教授解读道:"新中国成立初期百废待兴,要彻底改变旧中国民不聊生的局面,就必须大刀阔斧地改革,扫除一切旧社会的污泥浊水，谢汝健的改革想法和毛泽东主席所说的'打扫干净屋子再请客人'是一个意思。这句话也蕴含着他对中国共产党领导下的新中国的一种期待。"

"国家落后就要挨打，政府无能就会腐败。从很多侨批中都可以看到旧中国百姓的凄惨境遇。"关翌春又翻出了一封1938年，一位名叫陈凤霞的女子写给远在纽约的父母的信，信中写道："现今国家危亡，日人横行……日军在台山斗山登陆……敌人见人而射枪。"关翌春说："陈凤霞在信中哭诉，日本人已经打到了台山，杀了好多人，但国民党军队在这一带却没有抵抗，日本人在四邑地区烧杀抢掠。"

赞成女儿不去美国，对祖国发展充满期待
"料我国迟数年发展工业农业等，华侨回国可过太平之日"

在关翌春收藏的这组侨批中，尤以谢汝健写给女儿谢莲花的信最多。从信中可以看出，谢汝健是一位慈父，他非常关心女儿的学习、成长、婚嫁等问题，所以最初他希望女儿能够来到美国投靠自己。但随着新中国的成立和发展，他和女儿的心态也随之产生变化。

1952年，在广州第一中学上学的谢莲花在信中提到自己不愿前往美国。对此，谢汝健于当年8月7日回信道："来信云汝不愿来美国，

但我亦好同意汝的。我等华侨在美国，不甚自由，有可多种族歧视。在处华侨生计，亦仅系能维持生活耳。料我国迟数年发展工业农业等，相信可多华侨回国过太平之日也。"

此后，女儿谢莲花愈加坚定了不去美国的决心。因此谢汝健也在1953年3月12日写给女儿的信中嘱咐道："祈汝勤恳读书或学成一门手艺，为人民谋幸福，则吾之愿也。"

同谢汝健对女儿的谆谆教诲一样，台山宁城翻译社内，一位香港华侨写给外孙的侨批也引起了注意。1954年4月30日，外祖父犹新在写给刚考入台山都斛中学不久的外孙的信中，嘱咐外孙应"努力向学，对于马克思列宁斯大林毛主席的理论悉心研究，深刻认识，确是为施行社会主义建设的良模……学优识广就不难成为一个良好干部，为人民服务。其他还应学习俄文，通晓国语，亦为当前之急务……"

"从这些华侨的信中可以看出，在不同国家和地区的华侨所处的境遇是不同的。当时在美国的华侨，工作与生活并不自由，还时常面临种族歧视。但不管在哪儿，他们在外的生计都不容易，大多数华侨挣了点钱都是寄回国养家糊口的。所以他们心中都有期待，希望孩子加强学习，尽快成长，以适应新的时代潮流。他们也希望我国尽快发展工业和农业，期待在不久的将来回国过上太平日子。"刘进教授说。

> 华侨在美国处处受限,连养家糊口的钱都不让寄
> "美政府如此对待我中国人,真系令人反感也"

新中国成立初期,以美国为首的西方国家对新中国进行经济封锁,华侨寄钱回乡养家都不被允许。一些华侨只能绕道加拿大,兜兜转转将钱寄回家。

"当年,五邑地区很多人家完全是依靠侨汇生活的,但新中国成立初期,美国政府连养家的钱都不让寄,所以华侨们都很愤慨,认为美国的这种做法是不人道的。"刘进教授说,美国这种无理的做法让谢汝健非常反感。他在1952年6月13日写给妻子的信中说道:"美政府条例,对于寄款接济家用,完全不准,曾付归之银,莫作遗例。美政府所行各事,真系不对。"

在1952年11月20日谢汝健写给妻子的信中,他还提到了美国对华人办理证件的各种拖延与阻扰,于是他发出了"美政府如此对待我中国人,真系令人反感也"的愤懑感慨。

刘进教授说:"在新中国建立初期,美国封锁围堵新生的人民共和国,中美关系紧张,华侨受到很大影响,但华侨并没有对祖国抱怨,而是为新中国国际地位的提升感到无比自豪。谢汝健在信中提到过朝鲜战争,他应该也从新闻中了解到我英勇的志愿军不仅抵挡住了以美国为首的联合国军,还将他们逼上了谈判桌,这是自1840年鸦片战争以来的第一次。"

海外反动势力猖獗,华侨爱国之心坚定
"五间华文报纸,有四间系反动报纸"

新中国成立后,国民党反动派继续勾结帝国主义,在海外大肆抹黑中国共产党,抹黑新中国。关翌春表示,谢汝健并没有被这些诬蔑之声所困扰,他具备非常高的政治觉悟和判断力,他的爱国之心很坚定。

谢汝健在1952年11月20日写给女儿的信中说:"新中国事情,我一切明白,报纸所载,俱是假话。在处有五间华文报纸,有四间系反动报纸,独一间可以过得去。"

"他说当地办的5间华文报纸,有4间是反动的,只有1间相对客观。说明在新中国成立初期的海外,国民党支持的大量反动报纸在抹黑中国共产党,抹黑新生的中国政府。"刘进教授分析说:"这个华侨的确很有政治判断力,他在纷纷扰扰的新闻报道当中判断出新中国是好的,中国共产党是为人民服务的。因此他在信中告诉妻子不要相信乡间谣言。"

专家点评:
侨批多蕴藏海外侨胞浓厚家国情怀

关翌春还收藏了8份用于报关的"猪仔"清单,清单上基本是30

岁以下的男子，他们中很多来自新会、台山、开平等五邑地区。关翌春说："年纪轻轻的，8个大洋就把自己卖了，基本都是去美国和古巴当劳工，那时候大多还是坐帆船去的，在海上漂泊几个月，很多人还没有到达目的地就死了。"

近代以来，海外谋生的侨胞大多肩负着改善家人生活状况的重任，侨汇是经济血脉，家人得以维持生计，改善生活；书信是维系海内外家人情感的纽带，每封侨批都体现了侨胞的家庭责任感，充满侨胞对家人的思念和关爱之情。

五邑大学张国雄教授和刘进教授2020年曾在《光明日报》发文表示，近代的侨胞因国家内忧外患、生计困苦而背井离乡、出洋谋生。他们远离祖国，更加体会到祖国积贫积弱是他们饱受歧视和排斥的根源，因此渴盼民族复兴、国家富强。从辛亥革命、抗日战争、新中国建设到改革开放，海外侨胞厥功至伟。侨批多蕴含浓厚的家国情怀，它们真实记载了千百万侨胞关心国家民族命运、积极参与民族复兴伟业的心路历程。

【作者】江门广播电视台丁田发

【来源】江门广播电视台

谢汝健给妻子春笑的信（1952年1月12日）

春笑贤妻如面：今接来信，知已收到付为之银，由莲花特来信，十月廿三日寄来之信及十二月初省寄来之信俱皆无收，祈勿遠念。料乡间好多谣言，但政府做事十分合理，并有捐欵戒烟，祈照政府命令而行，但吾在美国本要納税，且其数伯兄，但中国必要改革然后好，机光来信，云吾家中农丰，吾乃笑吾为若有其事，劳甚重要，祈汝轻信謠言，以免憂慮，莲花像一条鞋女子，但他明白世事，有时看他解释由绵间付来之信，又動吸到，祈告各人彩之付来润东叔父及昌兄之信，亦收到，交弟陰带来之药剂，他不曾交来，料他已忘记，此是小事，祈青音妆婷子

再者雨孩子之事，祈再進款，月另議。

春笑贤妻如面：

今接来信，知已收到付归之银，由莲花转来之信，十一月廿三日寄来之信，及十二月初八日寄来之信俱皆妥收，祈勿远念。料乡间好多谣言，但政府做事十分合理，如有捐款或征粮，祈照政府命令而行。但吾在美国，亦要纳税，每年数百元。但中国必要改革，然后好能强国。曾接汝炽兄来信，云定吾家为中农，未知实否？如若有其事，无甚重要，祈勿轻信谣言，以免忧虑。莲花系一年轻女子，但他（她）明白世事，有时看他（她）解释，由乡间付来之信，一切照原信不动收到，祈告各人知之。付来润家岳父，及昌兄之信，亦收到。交叶荫带来之葛粉，他不曾交来，料他已忘记，此是小事，祈知之。

再者取孩子一事，祈再迟数月另议。

（一九五一年）旧历十二月十六日

汝健 字

【资料来源】广东江门市民间侨批收藏家关翌春

谢汝健给妻子春笑的信（1952年6月13日）

春笑贤妻如面：

接五月八号来信，已收到，（详）悉一切，对于莲花及汝来美事，吾已往问状师，他云，吾照纸现未能寄妻子女来美，因吾籍纸未够期，要再迟六七个月，吾已申请入籍已有年余，但要用时间式（贰）年，可多手续。迟日如何，然后再告。美政府条例，对于寄款接济汝家用，完全不准，曾付归之银，莫作遗例。美政府所行各事，真系不对，顺字知之。现我国国际地位，已居强国之一，比以前政府不同，我国数十年来旧的腐败政府及的土豪所造成。今日的政府，真正系为大众谋利益。因今系初步计划，对于人民未十分安定，请祈要忍耐，不过两年，就有安居之日也。曾上月付归信一封，料已收到，容日再说。并询

近安。

并祝

母亲福安。

(一九五二年) 六月十三号

汝健 字

【资料来源】广东江门市民间侨批收藏家关翌春

扫 码 观 看
侨批故事视频

"人民政府保障人民利益"

——菲律宾华侨伍尚厚1952年写给旅美华侨叔叔伍时洽的一封侨批

> 本厂生意自得政府正确之政策,维护工商,金融安定,禁绝走私及舶来至今,由本年六月起陆续扩展,上半年平均每月只得生意额三亿元,下半年平均每月有七亿元以上,计本年可溢纯利将达十亿元,以前数年所亏折亏之资,本年可贃(赠)回仍有余也。
>
> ——伍尚厚

在江门五邑华侨华人博物馆,珍藏着一封封纸张泛黄、墨迹斑驳的侨批,字里行间诉说着华侨华人的游子心、桑梓情。其中一封华侨叔侄之间的家书，透露出新中国成立初期政府保护民族工商业发展、鼓励企业增产节约、提升工人地位等信息，见证了新中国成立初期工商业发展的历史。

盛赞新中国政府工商业政策正确

"本厂生意自得政府正确之政策，维护工商，金融安定，禁绝走私及舶来至今，由本年六月起陆续扩展，上半年平均每月只得生意额三亿元，下半年平均每月有七亿元。以上，计本年可溢纯利将达十亿元，以前数年所亏折亏之资，本年可赚（赚）回仍有余也。"6月7日，记者在江门五邑华侨华人博物馆看到了一封写于1952年的侨批，写信人伍尚厚在信中向叔叔伍时洽介绍了其创办的岭南化学工业厂当年的经营情况，工厂的生意从往年连年亏损到而今盈利颇丰，他将原因归结于新中国政府工商业政策的正确。

"今日我厂之职工亦一样以前之职工，同是工作，而旧时亏本，今日赚（赚）钱。"回首过往，与国民党统治时期的经营状况两相对比，他继而发出感慨："由此可知国民党之伪政权与人民政府之保障人民利益，大有不同矣。"

记者看到，这封信的信纸抬头印有"岭南化学工业厂"一排红字，上面还注明"飞碟牌"，主要出品天那水、汽车喷漆、调和漆

等。五邑大学广东侨乡文化研究院院长刘进教授和江门市博物馆宣教文创部主任张一知均认为,这家工厂位于广州市,从信中内容分析,写信人伍尚厚是一名菲律宾华侨,很有可能是他归国后在广州创办(或与人合伙开办)了这家工厂。收信人伍时洽是一名祖籍台山的旅美华侨,当时他也已经归国,并投资了实业。

"这封信体现了新中国政府对我们国家民族工商业的保护,华侨从经营企业的实践中感受到与国民党统治时期的不同,华侨民族企业家对新中国政府全心全意地保护民族工商业发展表示赞扬和肯定。"刘进教授表示,伍尚厚在信中表达出的态度很明确,企业经营状况得到很大改善,他没有把功劳归结到自己的管理上,而是把成绩归结于新中国政府保护民族工商业的政策之正确,所以他得出了人民政府为人民的结论。

工人地位提高劳资关系更加平等

工厂的经营状况改善后,工人的工资也有所增加。伍尚厚在信中写道:"我们工人之工薪能提高,胜过以前甚多,此是得到良好之政府指导有以致之,可堪告慰。"

"工人的工资能够提高,也是新中国政府的相关政策所起的作用。新中国成立初期,私营企业已经由政府代表、资方管理层、工人代表共同管理，政府也保障工人的切身利益，工人成为工厂的主人翁，工厂盈利增加，工人的工资也随之提高了。"刘进教授表示，当时，民族资本家是我们党团结的对象。鉴于资本主义工商业既有利于国计民生的一面，也有它的负面作用。比如资本家唯利是图的本质，它的投机性可能扰乱社会经济发展秩序，所以这一时期政府对私营企业实行保护、利用与限制的政策，即私营企业的发展要公私兼顾、劳资两利，要保障国家的公共利益和工人的利益。因此，新中国成立后，工人阶级的地位大大提高，工人阶级不仅成为国营企业的主人翁，在私营企业中也可以当家做主。

面对形势的变化，伍尚厚及岭南化学工业厂在用人制度上也有所变化，他在信中写道："将来劳资双方益加健全，对国家亦有大大之裨益也……以后我决不敢再介绍别人了，因工厂是工人做主，以后请人做工与否，必须经过劳资双方同意方能决定也。"

"伍尚厚在信中提到的'兆妻''壮嫂'是他和叔叔伍时洽的至亲。'兆妻'是伍尚厚以前自己决定让她来顶妻子岗位的，但'壮嫂'来厂之事需与经理商量，经理认为不需要再请人。这说明，当时政府已经规定，私营企业的经营管理、人事财务，都必须由政府派出的代表、企业主、工人代表共同商议决定。"刘进教授说，新中国成立后，企业劳资关系、财务和人事管理等制度都得到了健全，招聘谁、用谁不再由私营企业主一个人说了算，靠私营企业主裙带关系的"七大姑八大姨"们很难再进工厂。伍尚厚认为，1949年以前经营困

难甚至引起"兆妻"误解的原因并不是自己不勤力,而是"旧政府之不良,无保障商人利益,以致挞欠无法追诉"。

新中国成立初期侨资企业发挥独特作用

"现下政府又励(厉)行增产节约,要发挥工人之力量,要做到争取时间研究如何同一时间每人能做多出品,样样节约,免至耗费资源。"江门市博物馆陈列保管部主任吴兆骏介绍说,信中的这段话反映的是新中国成立初期的增产节约运动。新中国成立时,整个国民经济是一个千疮百孔的烂摊子,许多工厂倒闭,大批工人失业,通货膨胀,物价飞涨,人民生活极其困难。1951至1953年间,增产节约运动对国民经济的恢复、国家财政开支的平衡、朝鲜战争的战局,产生了不可低估的影响。从信中可以看出,以岭南化学工业厂为代表的侨资企业积极响应国家号召,发挥工人力量,实行增产节约,为国家度过新中国成立初期的经济困难做出了积极贡献。

"毛泽东在新中国成立初期说,'现在我们能造什么?能造桌子椅子,能造茶碗茶壶,能种粮食,还能磨成面粉,还能造纸。但是,一辆汽车、一架飞机、一辆坦克、一辆拖拉机都不能造'。广东是中国最大的侨省,民国时期,海外华侨在家乡投资兴建了大量工商企业,虽然那时经营状况大都不佳,但他们对广东的早期现代化做出了很大贡献。改革开放后,广东的跨越式发展同样得益于华侨华人、港澳同胞做出的巨大贡献。"在刘进教授看来,与一般外商相比,华侨华人的"根"在中国,他们更关心祖国的发展,关心和支持中华民族的复兴伟业。新中国成立初期,第一批在中国大陆设立的外资企业就是侨商投资企业,他们带回来了充足的资金、先进的技术和现代的管理,为我国后来成为全球工业门类最齐全的国家起到了促进作用。

与岭南化学工业厂一样,江门造纸厂也是一家侨资企业,也是江门资历最老、规模最大的侨资企业之一。1909年,台山旅日华侨余觉之、余乾甫二人怀着"计民生日用所需,必除布帛菽粟外,无重要于纸"的抱负,学成之后回到江门"实业救国"。刘进教授认为,作为中国第一侨乡的江门,侨资的作用并没有减弱,侨智的作用也越发重要,"这些年来在五邑地区投资的侨资企业,为推动江门经济社会发展做出了重要贡献,也搭上了中国经济发展的快车,使自身得到发展"。

新中国成立后,众多海外华侨和港澳同胞在境内投资兴业。截至2018年底,江门市有港澳和海外侨资企业6114家,投资总额290.41亿美元。

【作者】江门广播电视台丁田发

【来源】江门广播电视台

伍尚厚给伍时洽的信（约1952年）

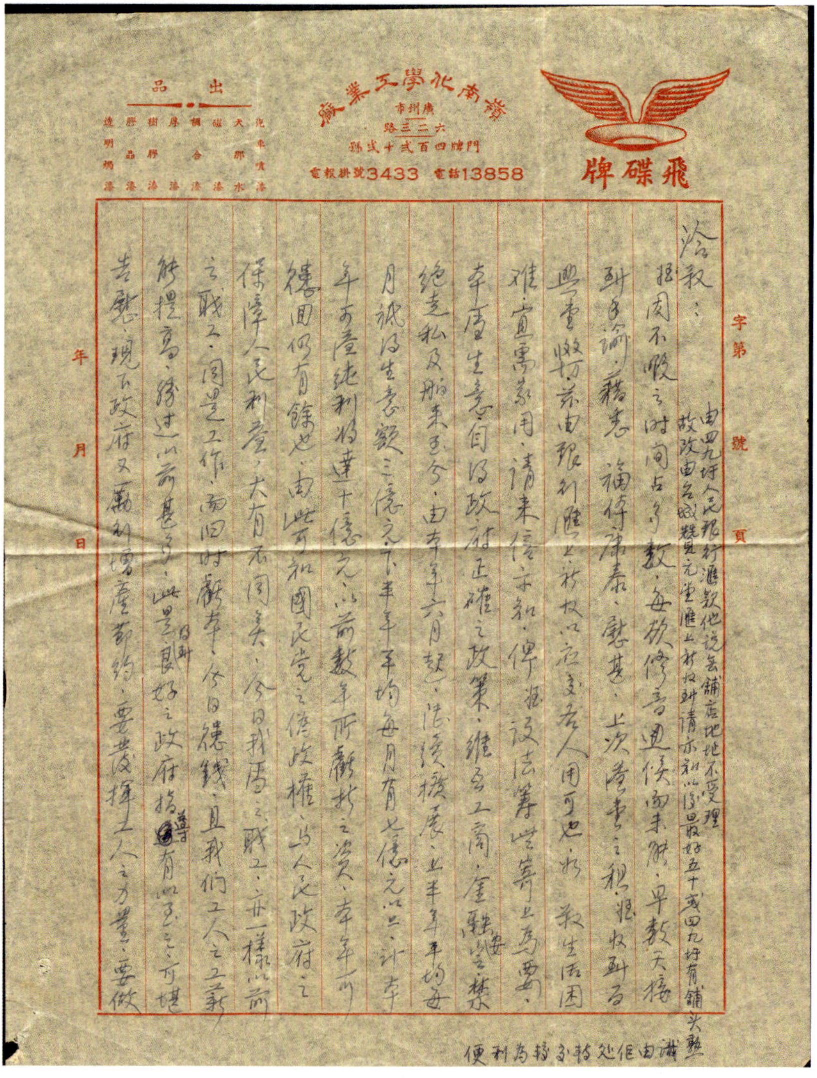

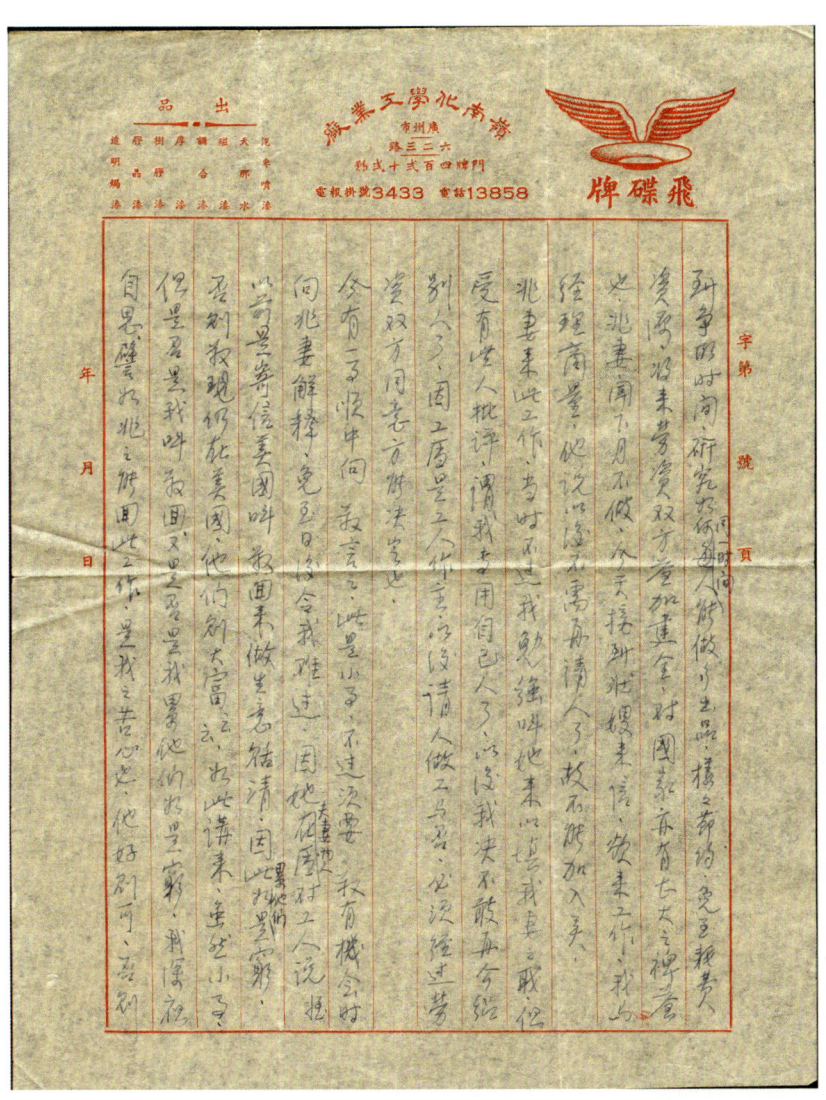

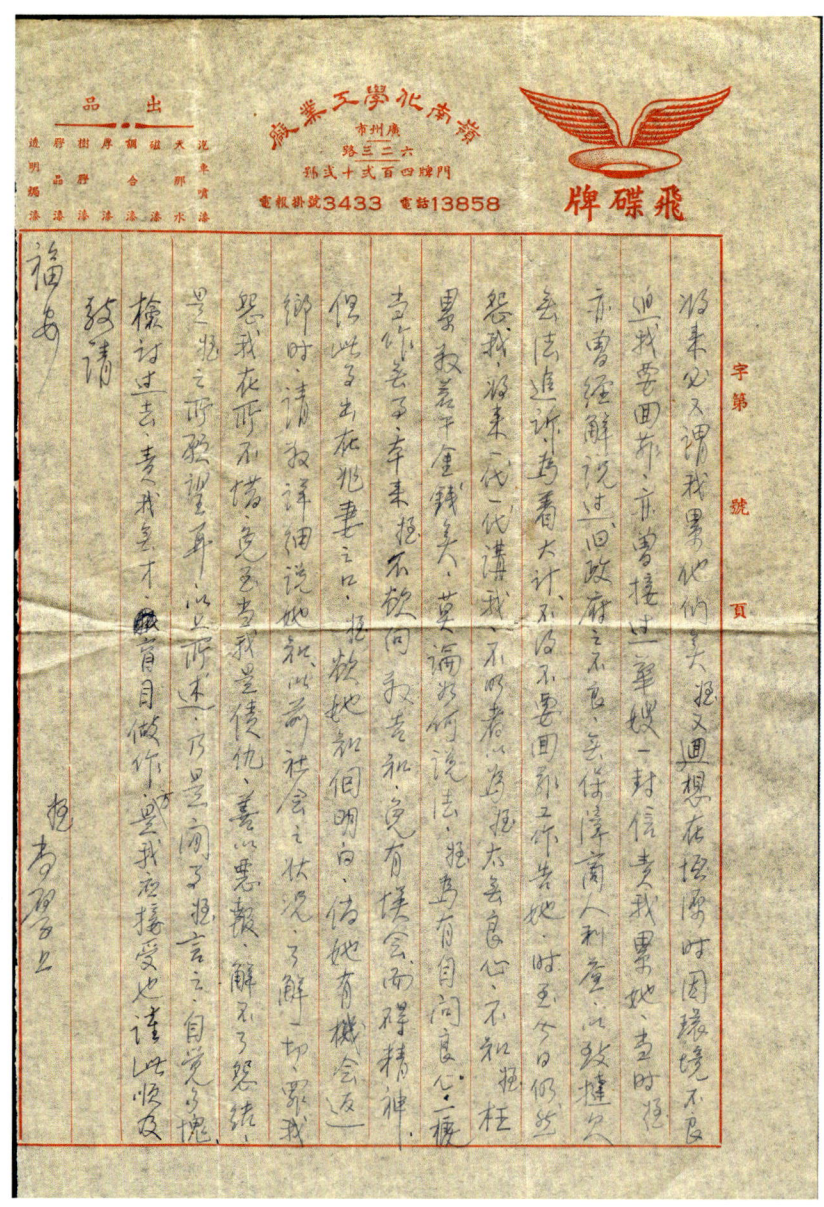

洽叔：

　　由四九圩人民银行汇款，他说无铺店地址不受理，故改由台城赞元堂汇上其收，祈收到请示知。以后最好五十或四九圩有铺头熟识由佢处转交为便利。

　　侄因不暇之时间占多数，每欲修音通候而未能。早数天接到手谕，藉悉福体康泰，慰甚。上次溢堂之租，侄将收到百兴堂29.9万，兹由银行汇上，祈收以应交各人用可也。

　　如叔生活困难，宜需家用，请来信示知，俾侄设法筹些寄上为要。

　　本厂生意自得政府正确之政策，维护工商，金融安定，禁绝走私及舶来至今，由本年六月起陆续扩展，上半年平均每月只得生意额三亿元，下半年平均每月有七亿元以上，计本年可溢纯利将达10亿元，以前数年所亏折亏之资，本年可赎（赚）回仍有余也。由此可知国民党之伪政权与人民政府之保障人民利益，大有不同矣。今日我厂之职工亦一样以前之职工，同是工作，而旧时亏本，今日赚钱，且我们工人之工薪能提高，胜过以前甚多，此是得到良好之政府指导有以至（致）之，可堪告慰。现下政府又励（厉）行增产节约，要发挥工人之力量，要做到争取时间研究如何同一时间每人能做多出品，样样节约，免至耗费资源，将来劳资双方益加建（健）全，对国家亦有大大之裨益也。

　　兆妻闻下月不做，今天接到壮嫂来信欲来工作，我与经理商量，他说以后不需要再请人，故不能加入矣。兆妻来此工作，当时不过我勉强叫她来以填我妻之职，但受有些人批评，谓我专用自己人了，以

后我决不敢再介绍别人了，因工厂是工人做主，以后请人做工与否，必须经过劳资双方同意方能决定也。

今日有一事顺中向叔言之，此是小事，不过需要叔有机会时向兆妻解释，免至日后令我难过，因她夫妻两人在厂对工人说，以前是寄信美国叫叔回来做生意赔清，因此累他如是穷，否则叔现在仍在美国，他们则大富云云。如此讲来，虽然小事，但是否是我叫叔回，又是否是我累他们如是穷，我深夜自思，譬如兆之能回此工作，是我之苦心也，他好则可，否则将来必又谓我累他们矣，侄又回想在恒源时因环境不良，迫我要回菲，亦曾接过华嫂一封信责我累她，侄当时亦曾解说过，旧政府之不良，无保障商人利益，以致挞欠无法追诉。为着大计，不得不要回菲工作告她，时至今日仍然怨我，将来一代一代讲我，不明者以为侄太无良心，不知侄枉累叔若干金钱矣，莫论如何说法，侄为有自问良心，一概当作无事，本来侄不欲向叔告知，免有误会而碍精神，但此事出在兆妻之口，侄欲她知个明白，倘她有机会返乡时，请叔详细说她知以前社会之状况，了解一切。罪我怨我，在所不惜，免当我是债仇，善以恶报，解不了怨结，是侄之所愿望耳。以上所述，乃是闲事，侄言之，自觉多愧，检讨过去，责我无才，盲目做作，方是我应接受也。谨此顺及，致请福安。

侄：尚厚

【资料来源】江门五邑华侨华人博物馆

扫码观看
侨批故事视频

"海外的华侨都一批一批的(地)投入祖国的怀抱里"

——印尼华侨陈金秀1953年写给新会大哥大嫂的一封侨批

> 中国人民在伟大的中国共产党和毛主席正确领导下,获得了彻底的解放。强大的、自由、独立、幸福的新中国已屹立于世界上。中国人民成为真正的主人翁了……"
> ——陈金秀

"中国人民在伟大的中国共产党和毛主席正确领导下,获得了彻底的解放。强大、自由、独立、幸福的新中国已屹立于世界上。中国人民成为真正的主人翁了……"五邑大学广东侨乡文化研究院展览室里,收藏着一封印尼华侨陈金秀1953年写给新会梅江村大哥大嫂的

信,她在信中如是说。

新中国的成立和取得的成就,激荡着华侨华人的心,令华侨青年对新中国充满了期待和向往……

新中国取得的成就激荡华侨心

新中国的成立标志着中国从此走上了独立、民主、统一的道路。土地改革的完成,彻底摧毁了中国存在两千多年的封建土地制度,地主阶级被消灭,这使人民政权更加巩固,也大大解放了农村生产力,农业生产获得迅速恢复和发展,为国家的工业化建设准备了条件。而1950年6月到1953年7月的抗美援朝战争,沉重打击了美帝国主义的嚣张气焰,保卫了朝鲜的独立和中国的安全,维护了远东和世界的和平,提高了中国的国际声誉……

新中国成立初期取得的成就,令身在海外的华侨华人倍感振奋。

信中,陈金秀写道:"前几天我听到朝鲜已经停战的消息,而胜利到底是属于爱好和平的人类。这大概你们也听过了而感到说不出的欢乐。同样的(地),我们华侨也有这种无比的通(痛)快。"

美国华人历史学家麦礼谦在其著作《从华侨到华人:二十世纪美国华人社会发展史》中讲到,美国华侨华人关注中国政治局势,甚至直接参与中国的政治活动。"中国富强起来,一方面可以给予海外华人……在中国有发展的机会;另一方面,中国的国际声誉提高,也可以帮助改善华人在居留国的待遇与社会地位……"

"在其他国家和地区的华侨华人当年也有着同样的想法。"五邑大学广东侨乡文化研究院院长刘进教授表示,"正是有这样的想法,所以,当新中国成立之初取得的成就传到华侨华人那里后,他们会很振奋,特别是当年抗美援朝战争的胜利,更鼓舞了中国人的志气。"

刘进教授表示,银信是海外华侨寄给国内亲友的侨汇("银")和书信("信")结合体。受时代影响,华侨华人在寄往家乡的银信中,也出现了不少关于中国革命、建设、改革、复兴的记述。它们见证了历史,也见证了华侨华人的家国情怀。

华侨青年纷纷回国读书

新中国的成立鼓舞了无数海外华侨,他们满怀着对新中国的期待,纷纷回到国内定居、工作和生活,形成了一股回国浪潮。而在这股归国潮中,华侨学生是一个特殊而重要的组成部分。

中国华侨历史博物馆工作人员江振仕在《新中国建立后的归国华侨学生初探》一文中介绍,从1949年至1953年,经各地侨务部门接待安置的侨生约有1.9万人,连同未经侨务部门接待而直接入学或参加工

作的估计有两三万人。

1953年,陈金秀在印尼读初三,和众多华侨青年一样,也有了回国读书的梦想。在信中,她这样写道:"不能否认,海外的华侨都一批一批的(地)投入祖国的怀抱里。最近,我的同学已有好多回到中国去了,他们给我们的消息和信,都是令人也想回国……"。

在信中,陈金秀也十分关心回国学习的事情。"请问现在如果我们华侨青年学生初三毕业后回国是好吗?并且在你的想象中,如果我明年要回国,怎么样?关于学费方面是否由国家担任或负责,使我们的家长不必寄款可能吗?因为我听说在中国念书的华侨可以免费,这可真吗?如果是真的那么明年我就要打算跟同学们集体回国。"她在信中问家乡的大哥。

家住江门市新会会城梅江村的陈成长是陈金秀的大哥。当年,陈金秀就是给他写的信。"我也是出生在印尼,5岁时为了学习,我回到了中国。"96岁(2021年)的他说:"妹妹在印尼长大,不会中文,这封信是她出钱请别人代写的。"

陈成长回忆,当年收到妹妹的信后,他很激动。"我也不会写印尼那边的文字,没有回信。"他说:"除了我在家乡,父母和妹妹他们都在印尼。后来,我们也通过信。不过,妹妹没有回国学习。"

江振仕在《新中国建立后的归国华侨学生初探》中也介绍,新中国成立后,对于源源不断回到国内的华侨学生,政府至感欣慰和欢迎,并从接待、考试、入学、补习等环节对侨生给予适当照顾和安排。政府还新办、复办了各类华侨学校，以更好满足归国侨生的不同需求。大部分华侨学生回国后的生活费用由海外亲人寄来的侨汇维持。对个别经济确实困难的侨生，政府根据实际情况为其提供帮助。

回到祖国的华侨学生实现了多年的梦想，努力投入学习。无论是进入高等院校继续学业的华侨学生，还是未能考入大学的侨生，他们绝大多数在毕业后都选择留在国内，成为建设新中国的有生力量。

华侨称赞家乡"比想象的还要好"

陈成长回忆说，从印尼回国后回到家乡，他读了四年的书。后来，因为日本帝国主义入侵，没读书了，就出来做工。"那时候，又没有地，都是给地主做工挣口饭吃。"他说。

新中国成立后，陈成长的生活也迎来了变化。尤其是改革开放以来，他家的日子一天比一天好。

虽然由于各种原因，陈金秀最终没有实现回国学习的梦想，但是，1986年，陈金秀还是回到了家乡。

"我记得她回来那天是1986年9月25日。当时，她回来看到我们的生活和家乡的发展，很高兴，说比想象的还要好。"陈成长说，在家乡住了10多天，妹妹便回印尼去了。

陈成长说，因为父母、妹妹和家人都在印尼，妹妹又不懂中文，自己也不懂妹妹说的话，交流很不方便。所以，之后妹妹就没再回来过。"我们有书信往来。"他说，"后来妹妹的女儿在1993年也到新会探望过我一次。"

"没有共产党，就没有新中国，也就没有我们今天这样的幸福生活。治安好，生活好，环境好。"陈成长说，他有3个儿子、1个女儿，孩子们生活都不错，自己现在每月还有政府发放的高龄津贴。

"从长伯（陈成长）90岁那年开始，每个月国家有100元的高龄津贴。我们村里每个月也会发放200元的高龄津贴。"梅江村村委会副主任陈家杰说。

【作者】江门日报社严建广

【来源】《江门日报》

陈金秀给陈成长的信（1953年8月4日）

亲爱的大哥大嫂：

　　时代是不断地前进，时间也一日一日过的（得）水流一般快，解放后的新中国，在短短的三年当中，全国一切的一切都焕然一新，建设方面日增一日，目前人人有工做有饭食，各城市恢腹（复）热闹，全面土改了（解）和生产增加数培（倍），生活上转好，这可真的吗？我自己也常常看《人民画报》，其内容我认为跟实事是相同的，不知你们也必定是过着同样的幸福生活吧！

　　中国人民在伟大的中园（国）共产党和毛主席正确领导下获得了彻底的解放，强大的、自由、独立、幸福的新中国已屹立在世界上，中圆（国）人民成为真正的主人翁了，不能否认，海外的华侨都一批一批的（地）投入祖国的怀抱里。最近我的同学已有好多回到中国去了，他们所给我们的消息和信，都是令人也想回国到底。故此现在我请求你们答复这几个问题，免得我明白到底。前几天我听到朝鲜已经停战的消息，而胜利到底是属于爱好和平的人类，这大概你们也听过了而感到说不出的欢乐，同样的我们华侨也有这种无比的通（痛）快。大哥！请问现在如果我们华侨青年学生初中三毕业后回国是好吗？并且在你的想象中如果我明年要回圆（国）怎么样？关于学费方面是否由国家单（担）任或负责，使我们的家长不必寄款可能吗？因为我听说在中国念书的华侨可以免费，这可真吗？如果是真的（，）那么明年我就要大（打）算跟同学们集体回国。最后我希望你们能抽一点时间来回信给我及答复以上的一些问题！就此先停笔，余后日再说吧！

祝你们快乐健康！

妹　陈金秀上

公元一九五三年八月四日

（注）爸妈一切都安好，望你们不必想念。还有以上的字句如有不对的地方，请不要见笑，反而请你们多多的（地）指教和善意的（地）批评。通讯处请交：也就是普禾加多啦五街一五一号陈炳合木店。

【资料来源】五邑大学广东侨乡文化研究院

扫 码 观 看
侨批故事视频

"今日新祖国咁好，有天法制定，一夫一妻制"

——美国华侨朱如珠 1956 年写给台山妹妹的一封侨批

> 况且今日新祖国咁好，有天法制定，一夫一妻制。何必你唔迅速来港，与沃新干涉搞妥，返回祖国安心生产工作。
>
> ——朱如珠

新中国成立后，大力倡导男女平等、婚姻自由，与旧社会相比，婚姻家庭观念发生了翻天覆地的变化。这一变化，在一封美国华侨朱如珠写的侨批中体现得淋漓尽致，她赞誉《婚姻法》为"天法"，并在信中鼓励身在台山的妹妹拿起法律的武器，依法维护自己作为妻子的权利。

华侨赞扬新中国婚姻"天法"

江门市侨批收藏家关翌春有一封华侨朱如珠于1956年3月12日在美国写给家乡台山的妹妹朱金珠的信。朱如珠在信中提到,她从母亲那里得知自己的妹夫沃新独自去了香港,且再娶妻另立家庭一事。她鼓励妹妹应拿起法律武器维护自身权益,早日前往香港与丈夫交涉。

信中写道:"今日新祖国咁好,有天法制定,一夫一妻制。"关翌春认为,朱如珠所说的"天法",应该就是指新中国颁布实施的第一部法律《婚姻法》,她要妹妹朱金珠相信人民政府,法律会保障她作为沃新合法妻子的权利。

"在我的收藏生涯中,常常看到旧社会一些妻妾成群的家庭合影照。"关翌春说,他藏有不少旧时的照片,涉及家庭合影的,基本都是一夫多妻,其中的一张照片,男主人共有妻妾6人。"在美国的朱如珠关注到新中国颁布了《婚姻法》,认为这是划时代的巨变。"

"这封信从侧面赞扬了新中国真正实现一夫一妻制,更进一步说,《婚姻法》的颁布,实现了男女平等。中国几千年来,妇女受压迫、男尊女卑的时代为之一变。"五邑大学广东侨乡文化研究院院长、教授刘进表示,中国人自古讲究敬天法地,这是对自然规律的

尊敬,也是"天人合一"理念的体现。朱如珠在信中称《婚姻法》为"天法",可以看出她是充分相信其法律效力的,其赞扬之情也是溢于言表。

旧社会男尊女卑根深蒂固

新中国成立之初,封建婚姻制度与男尊女卑思想仍广泛存在,不幸的婚姻折磨着无数中国家庭,社会对婚姻法的需求非常迫切。

在经历了多次征求意见和修改后,1950年4月13日,《中华人民共和国婚姻法》终于在中央人民政府委员会第七次会议上获得通过,于当年5月1日正式实施。《婚姻法》也成为新中国第一部法律。《婚姻法》废除了以包办强迫、男尊女卑、漠视子女利益为特征的封建主义婚姻家庭制度,确立了以围绕婚姻自由、一夫一妻、男女平等、保护妇女和子女合法权益为原则的新民主主义婚姻制度,延续了几千年的封建婚姻家庭制度也随之被废除。

"沃新到香港谋生,不仅没有体恤妻子朱金珠在家务农、教子、孝亲敬老的辛苦,还另外娶了女子,新立家庭,明显违背了《婚姻法》规定的一夫一妻制度。他刚去香港,还是中华人民共和国公民,仍然受到祖国法律的规制,妻子朱金珠也理应尽快前往香港与之交涉。"刘进教授表示,男子沃新到香港后不久即再娶女子,这不是个别现象，源于根深蒂固的重男轻女、男尊女卑和"妾制"思想。

"妾制作为中国旧社会一项非常特殊的制度，它的产生和发展经历了几千年的历史，其影响力根深蒂固。"刘进教授认为，中国传统的婚姻家庭制度是建立在封建主义自然经济的基础上的，个人的生活完全服从于家庭，传统的家庭形态是父系制，缔结婚姻的目的是传宗接代。妻妾只是男子的依附，夫妻地位也极不平等，重男轻女、男尊女卑是普遍的社会现象。男的可以妻妾成群，女的则必须从一而终。女人还没有离婚的权利，除非丈夫休妻。

新中国修法禁止重婚纳妾

刘进教授指出，新文化运动特别是"五四运动"兴起后，开始提倡男女平等、实行一夫一妻制，这些内容被写进过民国时期相关法律，这是中国婚姻制度的一大进步。但当时有关法律前后矛盾，且执行极不彻底，导致一夫一妻制名存实亡。

"南京国民政府时期对妾不再加以明文规定，立法上存在回避态度。但在实际生活中，纳妾的现象一直存在。无论是刑法、婚姻法还是继承法，民国时期实际上都为妾制预留了合法空间。"刘进教授表示，民国时期婚姻立法的初衷，意在保护一夫一妻制，但在实际司法操作中却变了味。当时有关司法解释称："娶妾并非婚姻，自无所谓

重婚。""妾虽为现民法所不规定,惟妾与家长既以永久公共生活为目的,同居一家……应视为家属。"这些司法解释,可以说严重违背一夫一妻制原则。男人纳妾不算重婚,最多是道德问题。因此,民国的一夫一妻制实际上名存实亡,提高女权的立法愿望也大大弱化。

而新中国颁布的《婚姻法》的有关规定则非常明确,其第一条规定:"废除包办强迫、男尊女卑、漠视子女利益的封建主义婚姻制度。实行男女婚姻自由、一夫一妻、男女权利平等、保护妇女和子女合法权益的新民主主义婚姻制度。"第二条规定:"禁止重婚、纳妾。禁止童养媳。禁止干涉寡妇婚姻自由。禁止任何人借婚姻关系问题索取财物。"这些都确立了新中国处理婚姻家庭关系的基本原则,反映了新民主主义婚姻制度的特征,从根本上打破了旧的封建主义的婚姻制度,"妾"这一特殊的社会群体才真正退出历史舞台。

婚姻法与时俱进不断完善

婚姻关系着个人成长、家庭幸福,关系着社会文明和谐。新中国《婚姻法》建立了婚姻自由、一夫一妻的新型婚姻家庭制度,确立了男女平等、夫妻互爱、团结和睦的婚姻家庭观,极大解放和发展了社会生产力,促进了社会的全面进步。以此为标志,广大人民群众彻底从旧时代的婚姻制度桎梏中走了出来,真切感受到了社会主义婚姻家庭制度的温暖。

刘进教授介绍说，为了适应经济社会发展的需要，1980年、2001年、2020年，我国先后对《婚姻法》进行了修订和修正，增加了夫妻约定财产制、无效婚姻等内容，完善了对家庭暴力受害者、被遗弃家庭成员的救助制度，在建立和维护平等、文明的婚姻家庭关系等方面发挥了积极作用。2021年1月1日正式实施的《民法典》，我国进一步完善了婚姻家庭制度，维护公民婚姻权利。在相关法律制度的推动下，人民群众的法律意识和守法自觉性不断提升，公民的婚姻行为更加规范有序和符合法治精神。

【作者】江门广播电视台丁田发

【来源】江门广播电视台

如珠给金珠的信（1956年3月12日）

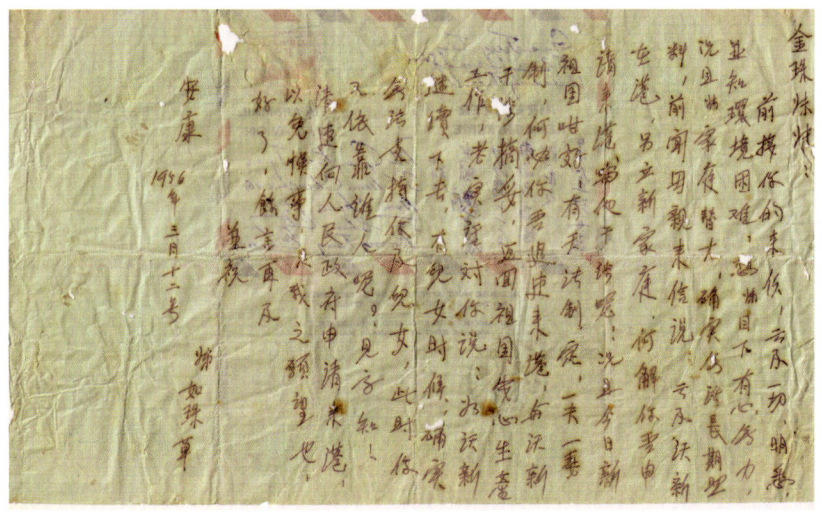

金珠妹妹：

　　前接你的来信，云及一切，明悉。并知环境困难，想妹目下有心无力。况且妹家庭替大，确实无法长期照料。

　　前闻母亲来信说：云及沃新在港，另立新家庭，何解你唔申请来港与他干涉呢？况且今日新祖国咁好，有天法制定，一夫一妻制。何必你唔迅速来港，与沃新干涉搞妥，返回祖国安心生产工作。

　　老实话对你说：为沃新继续下去，有儿女时候，确实无法支持你及儿女，此时你又依靠谁人呢？见字知之。

　　请速向人民政府申请来港，以免误事，是我之愿望也。

　　好了，余言再及。

　　并祝安康！

姊　如珠草
1956年3月12号

扫 码 观 看
侨批故事视频

"如今祖国工业及工厂日渐兴旺……"
——台山华侨李礽畅1958年写给儿子、儿媳的侨批

> 我眼光所观,现时新文化时代,改造科学工艺业,建造工厂无限多量。所知上海以上各几省建立新机器厂许多,但系广东省广西两省未设立有技艺厂,或者不久将来有建设未定。——李礽畅

早期出洋奋斗的五邑华侨大多只身一人,他们背井离乡思念故土,家中妻儿老小更是埋藏在心的牵挂。而在那个通信还不发达的年代,侨批成为传递这份情感的纽带。台山华侨李礽畅在得知家中儿子李仕荣因生计艰难欲往香港谋生时,于1958年4月多次写信与儿子沟

通，他通过自己对新中国近十年的观察分析，认为祖国发展更有前景，希望儿子多学技艺，留在祖国大陆，支持家乡建设。那么，这位慈父为何做出如此判断呢？

儿子为生计欲赴港谋生

江门市侨批收藏家关翌春有一批1958年4月由美国纽约唐人街寄往台山县附城乡长岭洞银河里的侨批。信中充满了父亲对儿子的期待和谆谆教诲，还透露出华侨对祖国发展的关心与期冀。

关翌春介绍说，华侨李礽畅一个月内多次写信给家人，还在1958年4月28日分别写信给儿子李仕荣和儿媳妇月兰、孙子李曙升，其内容大致相同，都是劝说儿子打消前往香港发展的念头，留在祖国大陆，多学些技术，参与家乡建设。

关翌春表示，由信件分析，李仕荣想离开家乡前往香港谋生的原因在于："在家耕田生活，种种困难……艰难维持生计。想取道往香港寻工栖身。"对此，李礽畅一边"修函香港礽均伯，商量如何办法"，另一边则亮明自己的态度，他在信中写道："香港……难安居，香港地方人事生疏。"

叮嘱多学技艺锤炼本领

"李礽畅在同一天分别写信给儿子、儿媳妇及孙子,可见他对家人的尊重,他也希望通过儿媳妇一起来做儿子的思想工作。"五邑大学广东侨乡文化研究院院长、教授刘进表示,李礽畅没有完全否定儿子的想法,但提出香港并不是一个安居的地方,也联系了在香港的伯父帮其留意工作,但总体上还是劝儿子从长远考虑。

"李礽畅在信中开导儿子说:'为青年男子一实要求学改造技艺为本身之计。'他认为青年男子要在社会立足,必须锤炼自身的本领。"刘进说,在给儿子和儿媳妇的两封信中,同样的意思,李礽畅用略有差异的语言表达,目的都在于劝说儿子要多学一些对社会有用的科学技术和专业技能。

"我常时写信通讯来往,乃是较(交)换知识起见,所来之信系儿写,亦作如此之聪明。况且读书少,不能计得。"李礽畅在信中还提到,之所以常常跟家里通信,是希望启发儿子的见识、开拓其视野。为此,李礽畅话锋一转,在信中写到自己对新中国的观察和分析:"如今祖国工业及工厂日渐兴旺,况且现新世界,人事整造机艺厂无限多量。新青年时代改造日日新,科学唱(昌)明。"那么,他的这一观察分析有何用意呢?

坚信祖国发展前景无限

"这几封信内容不多,但是内涵很深。文字虽短,但也能解剖出时代的身影。"刘进表示,从信中可以看出,新中国成立后,李礽畅通过各种渠道和途径了解祖国的发展情况,他经过近十年的观察,判断出新中国的工业化进程非常迅速,新中国注重科学技术和教育的发展,得出还是祖国大陆的经济发展更有潜力和前景,人民的幸福感和获得感更加实在的判断。

李礽畅在信中进一步分析道:"我眼光所观,现时新文化时代,改造科学工艺业,建造工厂无限多量。所知上海以上各几省建立新机器厂许多,但系广东省广西两省未设立有技艺厂,或者不久将来有建设未定。"对此,刘进表示,李礽畅在信中对祖国的工业成就赞不绝口,这也意在引导儿子看好祖国发展的大好前景,学好本领,在自己的祖国和家乡发展前景更加广阔。

刘进表示,新中国成立初期,苏联支援我国建设了156个工业大项目,这些项目分布在全国各地,但广东和上海都没有。到1958年时,李礽畅发现上海多了很多工业项目,而广东广西却没有,他期待自己的家乡工业也能迅速发展起来。

"当时的广东有几千万人口,而小小的上海的工业产值却远远高于广东。可以看出,李礽畅对当时中国的工业布局是非常了解的。"刘进表示,广大华侨华人特别希望自己的家乡能把经济搞起来,李礽畅的这一期待，到了改革开放以后才得以实现。2020年广东省GDP超过11万亿元，连续32年位居全国第一，工业产值也长期稳居榜首。

刘进表示，广东是改革开放的前沿阵地，华侨在广东经济发展过程中起着举足轻重的作用，他们在不同时期，通过各种途径支持着家乡的建设。据《侨务工作研究》杂志介绍，为更好地发挥华侨优势、充分利用侨资，1955年3月，广东组建了第一个引导华侨投资的统一机构——广东华侨投资股份有限公司。到1966年，该公司共吸收华侨资金7800万余元，其中外汇资金6800多万元，股东近2万户，遍布世界各地。在广东省统一安排下，这些资金共兴办企业83家，其中工业占79%。华侨投资公司在各地招募资金投资的工矿企业，对促进广东的工农业生产，以及繁荣侨乡经济都发挥了积极作用，华侨为家乡的工业发展做出了巨大贡献。

【作者】江门广播电视台丁田发

【来源】江门广播电视台

李初畅给小儿李仕荣的信（1958年4月28日）

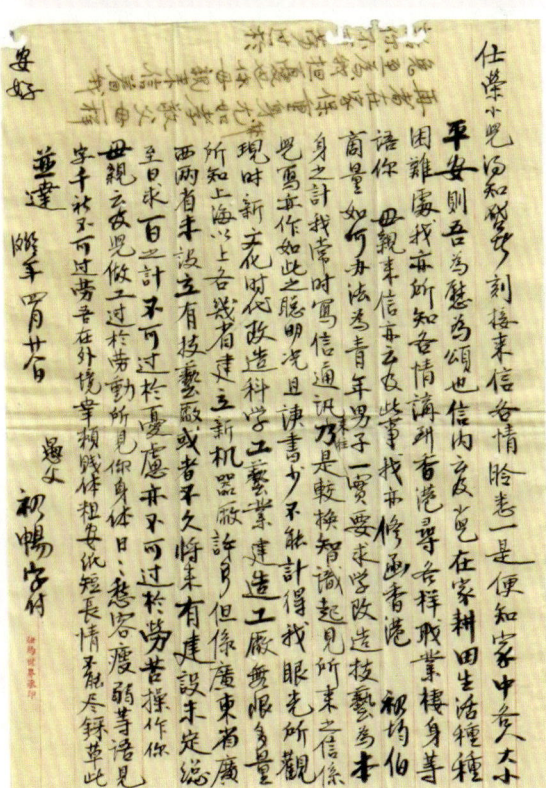

仕荣小儿得知：

启者：刻接来信，各情聆悉，一是便知。家中各人大小平安则吾为慰为颂也。

信内云及小儿在家耕田生活，种种困难处我亦所知各情。讲到香港寻各样职业栖身等语。你母亲来信亦云及此事，我亦修函香港礽均伯商量如何办法。

为青年男子一实要求学改造技艺为本身之计。我常时写信通讯来往，乃是较（交）换智识起见，所来之信系儿写，亦作如此之聪明。况且读书少，不能计得。

我眼光所观，现时新文化时代，改造科学工艺业，建造工厂无限多量。所知上海以上各几省建立新机器厂许多，但系广东省广西两省未设立有技艺厂，或者不久将来有建设未定。总至日求一日之计，不可过于忧虑，亦不可过于劳苦操作。

你母亲云及儿做工过于劳动，所见你身体，日日愁容、瘦弱等语，见字千祈不可过劳。

吾在外境，幸赖贱体粗安，请勿远念。纸短情长，不能尽录，草此并达。

安好。

愚父 礽畅字付
1958年4月28日

李初畅给儿媳月兰的信（1958年4月28日）

月兰媳妇曙昇小孙如见 我暑期叠接来函吾情哈悉一切便知家中各人大小平安则吾为慰为颂也并付美钞币五元作买餸菜之用到时请查收但美国政府不准买吴纸与中国通商之故要向加属自新废转汇方能得汇柒来信云及在家耕田生活种种艰难维持生计莘语但话想取道往香港寻工揾身抑或别样技艺为青年男子的责要学艺学业为本身之职我亦修函香港初畅伯处商量如何办法但讲到往港之事惟是一洗难罄居香港地方人事生蔬等候初畅伯来信如何说法定当进行如今祖国工业及工厂日渐兴旺汽旦现新世界人事整造机艺厂无限多最新青年时代改造日日新科学唱明仕谋的宾端守本份为人忠厚为社会所赞许人本聪颖过人吾居外境幸赖贱体粗安请勿念纸短情长不能尽录草此并达

安好

愚翁 初畅字付

嫁年四月廿八日

月兰媳妇、曙升小孙如见：

　　启者：现叠接来函，各情昤（聆）悉，一切便知。家中各人大小平安，则吾为慰为颂也。

　　并付美纸币五元作买餸（方言，指下饭的菜）菜之用，到时祈查照收。但美国政府不准买戾纸（支票的粤语音译）与中国通商之故，要向加属自新处转汇兑方能得。

　　仕荣来信云及在家耕田，生活种种艰难维持生计等语。佢（粤语"他"）话想取道往香港寻工栖身，抑或别样技艺。为青年男子的，实要学样艺业为本身之职。我亦修函香港礽均伯处商量如何办法。但讲到往香港之事，惟是一洗难安居，香港地方人事生疏。等候礽均伯来信如何设法，定当进行。

　　如今祖国工业及工厂日渐兴旺，况且现新世界，人事整造机艺厂无限多量。新青年时代改造日日新，科学唱（昌）明。仕荣的实端守本分，为人忠厚，为社会所赞许，人本聪颖过人。

　　吾居外境，幸赖贱体粗安，请勿远念。纸短情长，不能尽录，草此并达。

　　安好。

愚翁　礽畅字付
1958年4月28日

【资料来源】广东江门市民间侨批收藏家关翌春

扫码观看
侨批故事视频

"祖国今日之局势将定必向荣"

—— 旅美华侨许满大1959年写给国内子女的一封侨批

> 壹(一)祸壹(一)福全在中国青年人之手上,我希望青年人努力前进,有为则可以有望也;也更希望中国青年人人有岳武王之志——爱民、保家、为国之志。　　　——许满大

在庆祝中国共产党成立100周年大会上,习近平总书记寄语新时代的中国青年要以实现中华民族伟大复兴为己任,增强做中国人的志气、骨气、底气,不负时代,不负韶华,不负党和人民的殷切期望!增强"三气",做到"三不负",是习近平总书记的殷切期望,也是

145

新时代中国青年肩上一份沉甸甸的责任。

"壹（一）祸壹（一）福全在中国青年人之手上，我希望青年人努力前进，有为则可以有望也；也更希望中国青年人人有岳武王之志——爱民、保家、为国之志。"1959年，旅美老华侨许满大在贫病交加之际写信给国内的子女，并寄望国内青年能够担起时代重任，立志报国。60多年后的今天，他的这一期望与习近平总书记对新时代中国青年的殷殷嘱托遥相呼应。

在中共江门市委宣传部的组织下，省市多家媒体走进江门五邑华侨华人博物馆，品读到这封馆藏编号为006870、跨越了60余年的家书，深有启发。

"祖国今日之局势将定必向荣"

"根据许满大家族多封书信的内容，我们推测，许满大为旅美华侨，祖籍台山市水步镇，其有一子两女，分别在广州及香港谋生。许满大本人应是1931年到美国谋生。

这是他在1959年9月15日寄给儿女恒杨、春合、春美的侨批，是目前发现的他所有信件中最长的一封。"江门市博物馆宣教文创部主任张一知如获至宝般向记者展示了这封侨批。"几十年来，他历尽艰辛，目睹了美国的飞速发展，十分关心祖国的命运。"张一知说，这

146

封长达5000字的侨批，饱含了这位老华侨的家国情怀和赤子之心。

"这是一封非常珍贵的侨批！这位在贫病交加之际的老华侨写信给子女，洋洋5000字，大部分笔墨落于对祖国前途命运的关心上。"五邑大学广东侨乡文化研究院院长、教授刘进介绍说，许满大只是一位普通打工人，他到美国谋生不久，就遇上了金融危机。当时美国经济萧条，许满大十分艰难地在乡亲们的帮助下才找到工作，后来开办了一间洗衣馆，没日没夜地搓衣、洗衣。在这种窘境下，许满大仍然节衣缩食，定期给家中母亲寄钱，反映了他的爱家和孝顺，而"他谈论国家大事，谈得那么深刻。我一个人看的时候，心里在流泪。老一代华侨的家国情怀、殷殷赤子之心着实让人动容"。

1959年，正是中国人民在中国共产党的领导下，艰辛探索建设社会主义道路的时期。许满大通过各种途径了解到国内的情况，仍然对中国共产党领导下的新中国政府抱有无限的期望，也对新中国的未来充满信心，他在信中写道："祖国今日之局势将定必向荣。"他认为国内生活环境艰苦只是暂时的，所以鼓励儿子："身为男子生于斯，长于斯，而育（于）斯，应尽爱国保家之责。"

"许满大虽然是一个打工的华侨，但有敏锐的洞察力和深刻的思想。"刘进教授表示，许满大"根"的意识很浓厚。数十年的海外打工经历，不仅让这位老华侨对西方的社会现状有了更真切的认识与理解，更明了"国家为万世万民永久之基业"的道理。他认为国内一些无知的人没有出国的实际经历和遭遇，"实未知国家之重要性；未受

过外国人之欺凌侮辱与迫（剥）削，未明白外人之强力与思想"，他们不理解新中国提倡的国家民族精神和发展理念。所以，他希望通过这封家书，让儿女们明白"有国才有家"。

"其所谓道德文明实言过其实"

许满大在信中以过来人的身份，深入剖析了他数十年来在居住国所观察到的西方资本主义国家的本质。"今无论其文化、历史、地理、人物、军事、财产、物质重重（种种），虽然尽善尽美、日新月异，真诚天下物质最文明之国，仍（然）其所谓道德文明实有言过其实之嫌。"

在他看来，资本主义国家虽然看起来物质很进步，但内部贫富分化、种族矛盾问题突出，对外则尽显资本主义的掠夺贪婪性和霸权主义的侵略性。对此种种信中均有详述："文化仍（乃）由北欧数百年前之优胜劣败、弱肉强食之废尽人道、灭尽天理主义之方法脱胎更新而成。""现今其国中之所谓神道、仁道、自由、平等主义者，多是伪意，无非物质金钱而（已）矣。""虽物质丰富，惟物价时常高涨昂费，其资本与劳工时常起革命（要求）改善，仍不能进（赶）上劳工所得之消费代价，而消费与所得永不能平行（衡），此下等贫苦之民为最不常之事也。"

"有爱民保家为国之志幸甚"

许满大在信中向儿女等中国青年提出警醒:"为何其(美国)百数十年之西进国策,其势力现矣(已)进达中国之门户矣,久无知者亦应该看看地图,何谓中国之门,若然中国人民不再思全体上下通力合作建设,再后定无机会兴起。"

从西方国家的一些发展经验来看,他深知,祖国的未来在青年。"其局势已见如此,返(反)问中国青年人,以对中国之国策而言,当用何善法以应敷(付)之?"他寄语中国青年和自己的儿女,一定要团结起来,一起为国家建设做出自己的贡献,"同心合壹(一),加倍努力,为国、为家、为人民公众后世子孙之乐园而斗争""壹(一)祸壹(一)福全在中国青年人之手上,我希望青年人努力前进,有为则可以有望也;也更希望中国青年人人有岳武王之志——爱民、保家、为国之志,是诚为幸甚"。

"刻苦努力为国家民族斗争"

许满大在信中还讲述了自己此生的一个遗憾,那就是让子女早早结婚成家,而没有继续升学求智,可见他对教育非常重视。他期盼子女"为(惟)望汝当年之会,务须克(刻)苦努力,造福家庭子孙,

与（为）国家民（族）斗争前进，是为万幸"。

"这封侨批主要有三个方面的内容及意义。"刘进教授分析说，"一是华侨对中国共产党领导下的新中国政府抱有的无限期望和信心；二是老华侨以自己的所见所闻、所思所想，向国内的年轻人揭示了西方资本主义国家的真实社会情况及本质；三是通过寄语新中国之青年要爱国、团结、自强不息，担负起振兴中国之责任，生动诠释了中华民族优秀传统文化和民族精神，也体现了老华侨希望子女传承爱国、勤奋、自强的优良家风。"

信的最后，许满大对儿女们说："这信汝不可废弃，该当时时保有存阅，汝读这信我之所言，如见我面同是壹（一）也。"这也让如今的人们，能有机会再次与许满大"见字如面"，细细品读、感受其中深意。

"许满大这封信相当于他的临终遗言，实际上他在信中就提到，自己身体好多毛病，可能很快就要离开人世了，所以他写得这么用心。信中他谈国事多、谈家事少，他将一生对国家的挚爱浓缩到这几页信纸当中。"在刘进教授看来，"这是华侨华人'家国情怀寄尺素'的一个很好的体现。"

"海外侨胞的故事虽各有不同，但相同的是身上均有着侨乡人爱国爱乡、顽强拼搏的精神特质。"张一知如是说。在这封信里，中华民族优秀传统文化、优良家风等通过侨批作为媒介，代代传承，"他们叮嘱子女刻苦努力，不畏艰难，培养子女胸怀家国的优良传统"。

牵挂祖国，眷恋故土，是每一个中华儿女血脉中抹不去的情怀。无论何时，身在何处，每一位华侨华人希望祖国独立、富强的心从未改变，无论过去、现在，还是将来……

【作者】江门广播电视台曾莉媛

【来源】江门广播电视台

许满大给恒杨、春合、春美的信（1959年9月15日）

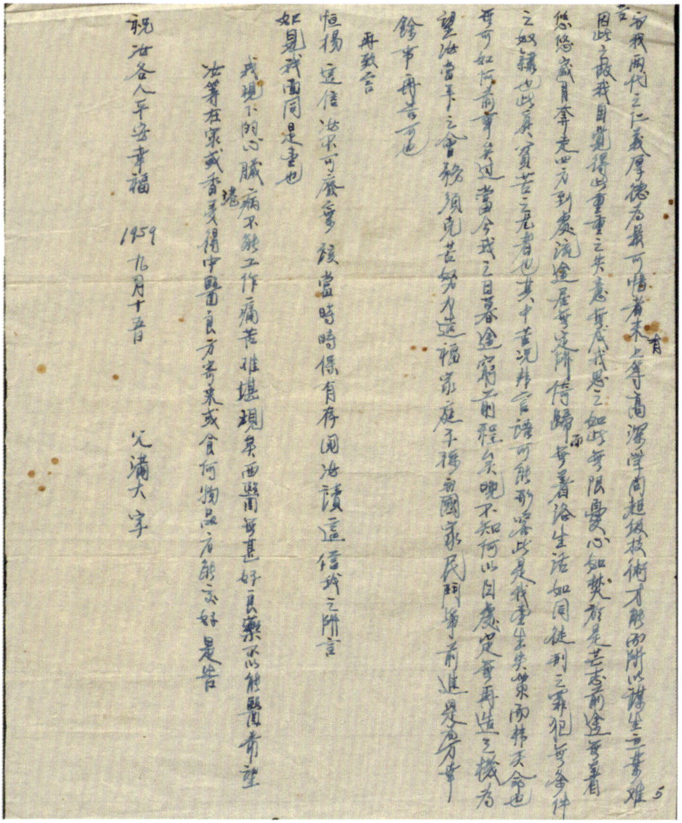

字谕恒杨、春合、春美：

　　得知汝等各人寄来之信与想（相）片，现矣（已）得收，我见得十分观（欢）喜、安慰。我现下身体仍是多病，而今病况最重要是心脏病交（较）为严重，现矣（已）不能工作，为目前之处境。贫病交迫，洛（落）魄异邦，时有不策（测），可能父亦老矣，见字不可多念为是。迟至年尾或可有艮（银）付回家用。

昨春美之信说及学驶汽车为是，春美汝须知汝是年少妇人，不可以为汽车好要汽车，为（此）物最易伤人，如不及自己，势必伤及他人，汝更须明。况且香港街道陕（狭）迫，人口众多，交通不良时，可以伤人之罪过。香港现矣（已）好多高上（尚）事业可学，如有时间莫如读书阅报，做妇人应做之事。无如事家务为上，汝深思我之言是否得当；如不然，汝终有不忍心之事发生未可知也。即是汝之丈夫亦不可多驶汽车为上策，是为致（至）言。

再者，春合来美国之事现矣（已）未有可能，昨八月十七日我前往见亚贤，他说及现事矣（已）见不成，迟至年余再办。惟是我之希望她早日来到见我一面，多谈及家中各事，以开我之心怀，慰我之望也。我现今目的无着，正是人海茫茫、举目无亲，不知终老何所。我信定必不久于世矣。

再者恒杨在家司理一家务十分得当，惟是春合、春美二人意欲着汝出香港谋生，如此想法我从来不十分同意，为目前虽然难苦，为（唯）希望迟后有转好之壹（一）日。我信得恒杨在家不可离开祖国为上，况且香港谋生亦是十分难苦。仍[然]居处来往十万分为难，处当今日之世，为（唯）有苦中求活。

祖国今日之局势将定必向荣，虽有难苦，为人人之如是。身为男子，生于斯，长于斯，而育（于）斯，应尽爱国保家之责。当今祖国建设难苦之期，无论何人不能逃被（避），如有逃被（避）者，是为国与家之大逆不道，而无爱国保家之责任心，该不能成为新中国之公民，仍

（然）而新中国亦应当不必要如此等莫须有、无责任心之公众匪民。而无知者未见出过外国，实未知国家之重要性；未受过外国人之欺陵（凌）、侮辱与迫剌，未明白外人之强力与思想。所以无知者不明新中国之国家主义实意诚理，如中国全体人民少壹（稍一）不通力合作为国家建设，势有不了之壹（一）日。当今无论何人必须出壹（一）部分力量，不论财力、智力、体力，应该为国家后代子孙的乐园设想。国家为万世万民永久之基业，无知者亦应该明白外人之强力与目的，其无时不欲加罪中国人之身上，无时不思及以（与）中国生是非，可知其目的所在。为何其百数十年之西进国策，其势力现矣（已）进达中国之门户矣，久无知（者）亦应该看看地图，何谓中国之门，若然中国人民不再思全体上下通力合作建设，再后定无机会兴起回头。无知或未知其西进壹（一）惯之手段与法保（宝）其作风以愚弄中国人之智慧与思想，分散中国人之志向，离间中国之团结力与向心力。其隐恶扬善之机谋以（与）方法，用协助金钱乐善好施之为钓饵，以经济侵袭、控制资源、操综（纵）建设为工具，以世界最新最犀利之军备武器为后盾，所以其从来对外进侵的国策无往而不利，无时而不胜。其愚弄弱小，进侵雄霸天下之目的永无止境。汝等明白其祖宗先人立国之初，其经八九年之难苦血战斗争，然后成立国家，仍以百（信件第一页到此）数十年之长期斗争。

（美国白人）然后侵得因陈红种人①之土地，其牺牲生命人力无

---

① 指印第安人。——编者注

数。其得来土地或用人力，或智力，或财力，或战斗力，无所不用。真诚天下未有无代价之财产，亦未有无代价之幸福，其无壹（一）不难苦中求之。其先民初立国之时，不过十三行州（省），人口不过四百余万，至今前后百八十年之间，其人口将及贰（二）万万之多。其现下共有行省五十州之多，现矣（已）土地幅员里数有大过中国而有余，其经百年斗争努力，现矣（已）尽沾（占）因陈红种人之土地为其所有，而因陈红人之种族灭亡矣（已）尽，虽有些少，亦尽归化为其下等之次民，而不及百万之数，此天下最不幸之民族也，仍［然］受歧视之列，而无所倚归。因陈红种人所居之地尽是不毛，则可知国家主义为何事物。人民以（与）国家之间其重要性为何如，可想而知。时至今日，经贰（二）次大战，其所得之成果，与其征服或辅佣（附庸）受其控制者无数，而前进之雄心未有止境，可知其用心与作风。其有些少对外国发生事故，其人民之言论上下全体通力合作，哗然让（攘）夺，其人民之爱国心与进取性无其他之民族可驾乎其上。其国民之体力、思想力、智慧力、进取力、经济力、谬（冒）险性，能无时不加改良进善，所以其富强之主动能力的效果在乎存（全）体人民与国会，其行政头目发施号令（发号施令）而矣（已），虽如此，其中亦有多少不法之事发生，其腐化多是中下级之官员与中下商人，以（与）大都市中之黑社会盗匪流氓，其奸杀案罪犯时时发生，多有所闻。此乃其公案问题，仍然不伤及其国势万分之壹（一）。而其国中之种族非常复杂，现下其次民来自天下万国有之，或籍民，或侨居，而互相歧视亦非常严重。为最不幸者，受歧视为有色人种最甚，其国中各行工商、交通、农业、政治、军事、经济、财富各种大企业，全操之四代或五六代北欧英伦三岛先祖后裔上流社会人之手上，其文化仍（乃）由北欧数百年前之优胜劣败、弱肉强食之废尽人道、灭尽天理主义之方法脱胎更新而成，自立之新生文化，所以其人民之智慧力、才能特别优秀超卓，其进取性、谬（冒）险性特别高强。现今其超级上等科学家、技术人员仍是北欧人为多；次等技术人员华人亦有些少，此等华人多是享乐主义者与自次（私）主义者，多由前日官家与富人子弟由祖国前来溜（留）学笔（毕）业，就地成才，其实全无爱祖国之观念。现其国中之科学家所发明各等制成品仍注重军备武器为多，或大或小，其犀利无以复加；其国之工业新式厂房到处所见多有，其交通运输非常利便；航空与新公路之建设不可胜数；铁路、电报、电话、电视、电音更加无数；其各行工商家庭用具到处尽是电器用品；其国用、民用之设备应有尽有。此乃是富人之福，与下等贫民壹（一）无所干（关）。其物质之富虽集天下万国于壹（一），当仍不及其分数之多。

现今其国中之所谓神道、仁道、自由、平等主义者，多是伪意，无非物质、金钱而矣（已）是矣。其利欲思想更加急进，物质更加发达进步，虽物质丰富，惟物价时常高涨昂贵，其资本与劳工时常起革命（要求）改善，仍不能进（赶）上劳工所得之消费代价，而消费与所得永不能平行（衡），此下等贫苦之民为最不幸之事也。其物质生产制成品时有过剩之多，因机器生产速成所至（致）是矣，失业人多，其因何故？可想而知。

现今其国中地下富源矣（已）尽，其投资外国之矿产的本钱无数可算，其由外国所得之重要源（原）料用以军备、化学各行重要厂商所用，其次用于他等建设。其建设非常速成美观。现今其各等教育亦有善、有不善，而其学校教育中学以下之学级多是免费，大学为高才生或可得有些少奖学金，次（私）立学院其业特别优美，其学金非常昂贵，此乃富人子弟之福。所有国立大学，或海陆空军校，或科学院，或特别技术院尽是高才子弟，其人才非常讲究能干。其全国大学院有数百之多，一年所成之高上学术人才包罗万有，无可计数。其所有上等学院特别技术院之教育科本尽是电子化，时时加进步速成。其上级海陆空军校之人才所发明之武器小之人眼所不能见，如细菌毒菌无味……小电子弹，小原子弹。夜眼军器大之如数百万立方尺，原子能八万吨之航海舰，其未来之军备武器无数，加速进行讲求。其海陆空军人之理想，时加对外国发生兴趣。何谓发生兴趣？可想而知，其战斗之智识技术能力特别进步，现今其海陆空军基地还包全球天下之海权，现尽归其所有，而南极大陆之所有权亦尽归其有，将来所得南极之富源矿产利益无可计数，然其邻国之重要矿产富源亦尽受其资本所收买。现矣（已）其科学家讲求海洋底下之矿产富源，而今其国势之富与强力，自天地有人类历史至今，未见有如此之雄势。今无论其文化、历史、地理、人物、军事、财产、物质重重（种种），虽然尽善尽美，日新月异，真诚天下物质最文明之国，仍（然）其所谓道德文明，实有言过其实之嫌。我居其间经数十年之久，当然明白有些少其民族性、历史性之大略，仍（然）其机计远谋多端之作风，非特别高深历史专家未有可能知其中万分壹（一）。

吾非是有过甚之辞，此乃实事也，其局势已见如此，返（反）问中国青年人，以对中国之国策而言，当用何善法以应敷（付）之？可以能进祖国胜上富强之途，如若未有，则新中国之危机之祸势，有不可了之日。为（若）有者，在中国人民全体通力合作寻求新智识、新学术，忠心诚意努力克（刻）苦建设，然后可以有为。若然不是，其余未有更好之途径可行。今日新政（府）之所以难苦建设，多由于前时从千数年之退弱无能，全无民族国家主义思想之过；而人民亦全无国家主义之智识，与旧政（权）人员蚀尽国家之财富，盗尽人民之金钱而逃忙（亡）海外，享尽盗贼不仁之富贵荣华。仍（然）而以贡献异种为（唯）恐不恭，谄媚外人为（唯）恐不敬，而且勾结黑社会之恶势（力）如同蛇鼠壹（一）窝。迫（压）制文化、报纸、言论，愚弄华侨，悔（侮）辱祖国之事时有所闻。吾恐数千年中华之历史未有如此不忍心之耻辱也。无论如何，往古来今，天下之大争端，无非种族与种（族）之不同的土地权、利益权、宗主权最为重要，仍（然）而民族之间如不强盛，定必衰弱矣；衰弱矣（已）极，必定灭亡，此天数实定之诚理与结果。虽然壹（一）人之力有限，而合众之力无穷，仍（然）壹（一）人之生命亦有限，要者国家万世子孙之幸福更加无穷。

我寄语中华之青年人：如不同心合壹（一），加倍努力，为国、为家、为人民公众后世子孙之乐园而斗争，则其祸实不可期而至矣，壹（一）祸壹（一）福全在中国青年人之手上，我希望青年人努力前进，有为则可以有望；也更希望中国青年，人人有岳武王之志——爱民保家为国之志，诚是为幸甚。

仍（然）而欧人侵中国二百年历史之血端，而中华天下最痛惨之事无甚于亡国之事，而灭种之祸有甚于因陈红种人之惨，可见其前事之鉴也。男女青年而可忘之不记矣？尽凡有血气［青年］，永不能忘也。

再者我对恒杨言：我前日遥远岁月而无所成就，其中最大原因为办汝来美之时，所径（经）过手续而遇人不淑，受其所卖。初时我之目的，诚心实意助他成功而希望其尽人情之常，以互相报答，不料而费尽许多精神、许多钱财与时间，仍不能达成我之愿望，此真诚汝祖与我两代特加惠于其父子二人之恩德，可谓仁致（至）而义尽矣，而有劳无功、有功无果是当然，汝不能达成到美之事也，于是我孑然壹（一）身在外孤独，无助于我进行谋生做事，而受尽不知几许精神上之重重失意刺激，是我终身心目中最大之羞辱，最大痛心，最大怀恨，最大深恶切齿之事也。虽然仁者施恩不望报，仍（然）而其破废我之生意、物业与许多利益，从而中伤我之名誉、之前途幸福矣，尽我百思不得其解，因何故其有发生如此之兽心，不忍而陷害于我，吾未从见有如此丧尽良心、灭尽天理仁义道德，倒行逆施而加之我。回忆往事，我心实伤无以复加，如此天仇，怀恨在心头，永无消失之日而不能忘也。汝须时时谨记我言在心，为处世明理、知人之道，为前车可鉴之，则以为致（至）言。

大二（即"第二"的意思）原因，于是前事不成，汝应该升学求智，而汝是长子独孙，需要结婚在先，因为汝两位妹妹亦跟后长大成人，亦需要结婚，所以汝全无机会升学求智，诚我第二最失意之事也。我素来明白汝之天生性情敦厚纯良之美质，凡事多能克（刻）苦斗争，是为最可喜之事也，以报汝祖与我两代之仁义厚德。为最可惜者，未有上等高深学问、超级技术才能而所以谋生立业难苦。因此之故，我自觉得此重重之失意无成，我思之如此无限忧心如焚，于是芒志（甚至）前途无着，悠悠岁月，奔走四方，到处流途，居无定所倚归而无着洛（落），生活如同徒刑之罪犯，无条件之奴隶也，此真贫苦之尤者也。其中苦况非言语可能形容，此是我壹（一）生失策而非天命也。无可如何，前事矣（已）过，当今我之日暮途穷，前程矣（已）晚，不知何以自处，定无再造之机。为（惟）望汝当年之会，务须克（刻）苦努力，造福家庭子孙，与（为）国家民（族）斗争前进，是为万幸。余事再告可也。

再致言：恒杨：这信汝不可废弃，该当时时保有存阅，汝读这信我之所言，如见我面，同是壹（一）也。

我现下的心脏病不能工作，痛苦难堪，现矣（已）西医无甚好良药，不以能医。希望汝等在家或香港寻得中医良方寄来，或食何物品方能交（较）好是告。

祝汝各人平安幸福！

1959年9月15日

父 满大 字

【资料来源】江门五邑华侨华人博物馆

扫码观看
侨批故事视频

"适逢十一国庆节到来,本港热爱祖国侨胞热忱庆祝张灯结彩"

——香港同胞惠庄1960年写给台山表哥陈锦璇的一封侨批

> 适逢十一国庆节到来,本港热爱祖国侨胞热忱庆祝张灯结彩,美术广告宣传工作忙个不停。九月二十号开始一直做到三十日,差不多日夜不停。
> ——惠庄

2021年是中国共产党成立100周年,也是中华人民共和国成立72周年华诞,在这个特别的日子里,神州大地各族人民无不欢欣鼓舞。在江门市五邑华侨华人博物馆展示的一封侨批,记录了20世纪60年代香港同胞庆祝祖国生日的场景。它是香港同胞拳拳爱国之心的真实写照,也是他们胸怀一颗矢志不渝的爱国初心的历史见证。

香港同胞从来都是中国心

这封侨批是博物馆成立之初,江门市文物工作人员下乡征集到的,现藏于该馆内。博物馆陈列保管部主任吴兆骏从文物陈列室小心翼翼取出侨批,"从信封的邮戳及信的落款推断,这应该是1960年国庆节前夕,一位名为惠庄的香港同胞写给台山表哥陈锦璇的信"。

通读全信,记者发现,这封侨批大致叙述了两部分内容。一是惠庄在信中交代了近几次往家乡寄生活物资的情况,二是对自己给家人回信太晚做解释。耽误回信的原因是:"适逢十一国庆节到来,本港热爱祖国侨胞热忱庆祝张灯结彩,美术广告宣传工作忙个不停。九月二十号开始一直做到三十日,差不多日夜不停。"

那么,在港英当局的统治下,香港同胞的爱国热忱为何如此浓厚呢?对此,五邑大学广东侨乡文化研究院院长、教授刘进解释说:"香港同胞的心从来都是中国心。香港自古以来就是中国的领土,在这里生活的人也大多是土生土长的中国人。自第一次鸦片战争后,英帝国主义通过一系列不平等条约陆续强占香港岛、九龙半岛,强行租借新界地区。在这期间,香港同胞从未停止过反抗压迫的斗争,他们始终心系祖国,在各个时期都支持祖国的发展和建设。"

香江爱国热潮如火如荼

通过对这封侨批的分析,刘进教授和吴兆骏主任都认为写信人惠庄可能在香港某家剧院工作。而每到国庆节前后,剧院不仅要请来一些爱国艺人参与演出,还要制作众多广告以做宣传、庆祝之用。信中写道:"本院又上演名艺人马师曾、红线女领衔主演《佳偶天成》。因此,为了扩大宣传,忙到今天才松一口气。"于是,在1960年9月20日至30日间,惠庄整整忙了10天,"差不多日夜不停"。

刘进教授对部分二十世纪五六十年代的香港报刊影像资料进行研究,从这些报刊可以看出,在香港回归以前,香港社会的爱国热潮如火如荼。每到10月1日国庆节,香港民众都要举行盛大的庆祝仪式,街头巷尾到处张灯结彩,悬挂巨幅广告庆祝祖国国庆。如1958年,香港华人革新协会专门推出《庆祝1958年国庆节特刊》;1965年香港大公报推出庆祝国庆的专版;二十世纪六七十年代的香港中国银行大厦,每到国庆节前夕都会挂上印有"中华人民共和国万岁"等字样的巨幅广告。

强烈家国认同根植内心

"恭喜你们上次能收到那些食物,使我放下一些挂虑""这次我在十月十二日又给你们寄上咸鱼仔两磅、黄糖两磅、扎米粉两磅",

在信中，惠庄多次提到他往家乡寄送生活物资的情况。对此，刘进教授分析说："惠庄在信中提到的咸鱼仔、黄糖、扎米粉、水笔咀、须片，都是一些生活物资。这些物资在当下看似稀松平常，但在20世纪60年代初，我国正处于三年经济困难时期，国内物资极度匮乏的情况下，这些物资显得尤为珍贵。毕竟在那个年代，生活用品是第一位的。"

刘进教授表示，在亲人面临生活困难的时候，惠庄能够及时往家乡寄回食物和生活用品，可以看出他是非常关心和爱护亲人的。而爱国同爱乡一样，根植于香港同胞内心。

"香港同胞与祖国内地特别是广东地区，山水相连，人文相亲，文化同源，都有着强烈的民族认同、文化认同和国家认同，这是他们热爱祖国的根源。"刘进教授表示，新中国成立以后，香港广大的工人阶级特别是底层劳工纷纷成立或加入工会组织，中国共产党领导的新中国给他们带来了光明和希望。他们和其他爱国爱乡的香港同胞一道，在大力支持家乡和家人的同时，也为国家和民族做出了巨大贡献。

【作者】中国广电总台国际在线广东频道朱子荣
【来源】中国广电总台国际在线

香港惠庄给陈锦璇的信（1960年10月17日）

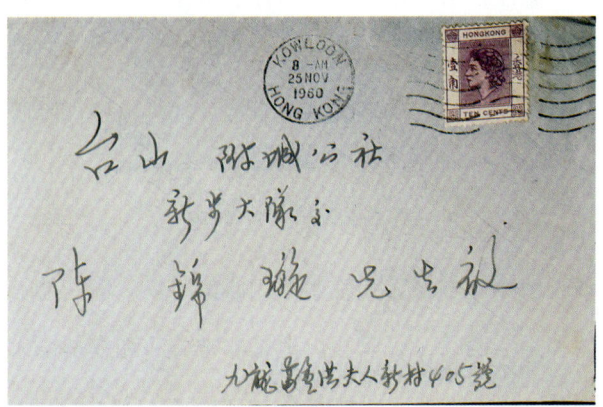

璇表兄：

你两次来信收到了，恭喜你们上次能收到那些食物，使我放下一些挂虑。

这次我在十月十二日又给你们寄上咸鱼仔两磅、黄糖两磅、扎米粉两磅，不知道能否收到。到时希给我一个回复吧！可是对于寄水笔咀（粤语，嘴的意思）这个问题对不住了，因为这点是犯法的，我不敢牵累你们及影响日后寄包裹事情，幸希勿怪见谅！

本来我早就给你回信了。适逢十一国庆节到来，本港热爱祖国侨胞热忱庆祝张灯结彩，美术广告宣传工作忙个不停。九月二十号开始一直做到三十日，差不多日夜不停。我以为做完这个工作后可松一点儿了，可是本院又上演名艺人马师曾、红线女领衔主演《佳偶天成》。因此，为了扩大宣传，忙到今天才松一口气。这事情的影响，使亲戚朋友上等候我的复信不耐烦了，对不起！

附须片两张。

复祝安好

表弟 惠庄手泐

10.17

扫 码 观 看
侨批故事视频

"这一页震荡了整个世界，使世界每一个角落都在议论纷纷"

——开平的周煜兴1964年收到赴加拿大谋生的弟弟的一封侨批

> 最近祖国居然在十月十六日，在新疆的一事成功后，在史书中写下光辉的一页，这一页震荡了整个世界，使世界每一个角落都在议论纷纷。祖国的前途，使生活在祖国大陆上的人民不可忽视。为中国人的一员，是值得自豪。优秀的中国人，在科学技术上有不可想象的成就。
> ——周煜兴的胞弟

1964年，家住开平的周煜兴收到赴加拿大谋生的弟弟的信。信里，弟弟询问家里母亲的情况，诉说自己对侄儿成长的期盼。除此之外，周煜兴的弟弟还提到了一件大事，那就是我国第一颗原子弹爆炸成功。

信里，周煜兴的弟弟这样评价这件大事："在史书中写下光辉的一页，这一页震荡了整个世界，使世界每一个角落都在议论纷纷。祖国的前途，使生活在祖国大陆上的人民不可忽视。为中国人的一员，是值得自豪。优秀的中国人，在科学技术上有不可想象的成就。"

这封信就在广东省博物馆的"家国情怀寄尺素——江门五邑侨批（银信）专题展"上展出。不少市民游客通过信，了解到更多侨批中的党史和五邑侨胞的赤诚爱国心。

华侨为原子弹成功爆炸无比自豪

2021年7月23日，"家国情怀寄尺素——江门五邑侨批（银信）专题展"在广东省博物馆开幕，旅加华侨周先生写于1964年11月22日的侨批引起观众的极大关注，大家纷纷议论信中所提的"新疆的一事"究竟是何事。五邑大学广东侨乡文化研究院院长刘进教授表示："这封侨批有特殊的意义，信中提到，'最近祖国居然在十月十六日，在新疆的一事成功后，在史书中写下光辉的一页，这一页震荡了整个世界，使世界每一个角落都在议论纷纷'，这震荡全世界的大事

其实说的就是我国研制的第一颗原子弹成功爆炸一事,这是江门五邑侨批对于这一重大历史事件的见证。"

周先生的信主要落笔于家事,而对于原子弹成功爆炸一事着墨不多且写得隐晦。刘进教授解释说:"二十世纪五六十年代,以美国为首的西方国家对新中国形成围堵之势,美国国内麦卡锡主义和反共气焰甚嚣尘上,为规避审查,身在美加等国的华侨,写信时对于敏感话题大多写得比较隐晦,点到即止。"

信中,周先生用了"居然"二字,刘进教授认为这表明华侨、外国对于这件事感到非常意外,没想到新中国成立后的第15个年头就成功爆炸了原子弹,这是一件非常了不起的事。对此,周先生的振奋和自豪之情溢于言表,他写道:"祖国的前途,使生活在祖国大陆上的人民不可忽视,为中国人的一员,是值得自豪,优秀的中国人在科学技术上有不可想象的成就。"刘进教授表示,海外的华侨华人都盼望中国不但是独立的,而且中国人有自己强大的国防力量,来捍卫我们国家的主权、领土完整。事实证明,只有在中国共产党领导下,才能够建立强大的国防,实现华侨维护国家独立的这样一个几代人的梦想。

激发中华儿女投身科技热情

中国第一颗原子弹爆炸成功，这一中国国防建设和科学技术领域取得的重大成就，不仅令旅居海外的华侨自豪，更让他们感受到科学技术的力量，激发了他们投身科技的热情。

周先生在信中告诉哥哥："为人父母者，有人以为是儿女成群，就光宗耀祖，是错误的。首先要从生活着想，有好转的生活，有儿女。解决儿女的问题，要使他们有好的文化背景，才是光宗耀祖。现在洪侄是适龄入学，愿能引起他对学习有兴趣，使他成为文化界有创造的人，否则最低限度要使他成为一个技术人员，那是我所最期望的。"

周先生为什么希望侄儿将来"成为文化界有创造的人""最低限度要成为一个技术人员"？

刘进分析认为，中国是一个传统的农业国家，经济比较落后，近代以来，备受西方列强欺凌。"海内外中华儿女探索教育救国、科学救国、实业救国等，实现中国独立、富强是每一个中华儿女伟大的梦想。"他说，"中国第一颗原子弹爆炸成功给世界带来的震撼和中国国际地位的提升，让华侨认识到只有发达的科学技术才能维护国家主权，维护国家利益，使中华民族屹立于世界民族之林。所以，周先生在信中告诉哥哥，一定要让侄儿好好读书，要学习科技。"

而中国第一颗原子弹成功爆炸带来的自豪感，也让周先生认识到

学习科学技术在祖国将大有可为。在信中，他说："优秀的中国人，在科学技术上有不可想象的成就。所以我期望，非使洪侄在学习（方面）有兴趣不可。使他长此下去，成为有为的学习习惯，未来的世界是属（于）他的。"

【作者】《南方都市报》严亮

【来源】南方都市报App·南都江门

加拿大胞弟给哥哥周煜兴的信（1964年11月22日）

> 他成为文化军方面的人，否则，亦极限度要使他做为一个技术人员，那是我所预期望的。
>
> 最近祖国亮主在十月十六日在新疆的一事成功，在史书中写下光辉的一页。它一页填显了整个世界使去界有一個角落，都在讨论纷纷。祖国的前途，使生在祖国大陆上的人比不可忽视。在中国人的一页，走得得的爱，优秀的中国人，在科学技术上有不可根据的成就。所以我期望，我後这個在在启蒙上有应趣不如，使他发成下去，成为有为的军理军贤，未来的发果一定属他的。祝。父亲
>
> 你的弟 ？
>
> 27/4/64

亲爱的胞哥：

　　所接来信，藉知诸事。得兄侍奉慈母周到，使她在这年迈的时期得到温暖。我为她的幼子，也有无限的感动。惟予因家贫远涉他乡，未能尽其全责，真感有罪。从另方面来说，慈母是我们家庭之长者，倘若有不幸的事发生，那是我们之间最大之损失。试想他人，有的比我们年纪还大的，而父母双全，可是我们呢？无可否认，是感到彷徨的。有慈母在世的一天，我们感到有无限的光荣。从此我没有见到她，可是我始终不能使我有不幸的损失。今日我能得到韶会写信问候，使我的心也有无限的感动。我希望兄能代我向慈母解释一切，使她得到间接心理学的医疗。回忆慈母过去的生活，都是在劳苦忧郁的艰难中度过的。最近得到兄的来信，她的疾病是在七月间重发的。可

能是由于我回港时未将事情先告，及其他的原因。未将事先告的原因，我前日已说过，这不是我特地制造的。从另方试想，若我单以结婚的原因而回港，那是最大的错误而用一项款。可是一切事情需我回港就变更，也是我所不愿的。

对于韶来加一事，到现在仍未有头绪。我希望能在十二月得到移民局的通知，以我更正身份是全无其他的问题。自更正后，比以前更好，不会再受到假纸入境的威胁行动。如果我有弟妹在廿一岁以下的，我还可办来加，包括母亲在内，当然以我们的条件来说，不在话下。本来我不希望在最短的期间有儿女，因为我感觉过快，我不会为这样而喜，我认为自己的条件来说，一个人不是光解决儿女的问题，首先解决生活，儿女是次等。可能兄以为我生活在这里，在思想上不同。不是，不论生活在甚（什）么地方同是一样。为人父母者，有人以为是儿女成群，就光宗耀祖，是错误的。首先要从生活着想，有好转的生活，有儿女。解决儿女的问题，要使他们有好的文化背景，才是光宗耀祖。现在洪侄是适龄入学，愿能引起他对学习有兴趣，使他成为文化界有创造的人，否则最低限度要使他成为一个技术人员，那是我所最期望的。

最近祖国居然在十月十六日，在新疆的一事成功后，在史书中写下光辉的一页，这一页震荡了整个世界，使世界每一个角落都在议论纷纷。祖国的前途，使生活在祖国大陆上的人民不可忽视。为中国人的一员，是值得自豪。优秀的中国人，在科学技术上有不可想象的成

就。所以我期望,非使洪侄在学习(方面)有兴趣不可。使他长此下去,成为有为的学习习惯,未来的世界是属他的。好。此祝快乐。

你的弟□

1964年11月22日

【资料来源】江门五邑华侨华人博物馆

扫 码 观 看
侨批故事视频

一封特殊"回批"见证新中国对侨胞的关爱

——中华全国归国华侨联合会 1965 年给郑潮炯夫妇的回信

近代以来,江门籍侨胞以强烈的爱国热情和民族责任感,为民族独立、人民解放、国家富强做出了杰出贡献。尤其是中国共产党成立后,他们积极投身到中国共产党领导的革命、建设、改革中,为祖国之强大、桑梓之富足尽一份赤子之心。

> 侨心向党,党爱护侨

侨批见证了华侨对党领导的中国革命、建设、改革事业的支持、

拥护和参与,特殊的"回批"见证了新中国对侨胞的关心爱护。

"郑潮炯先生:你于一九六四年十月二十五日给中华人民共和国华侨事务委员会的信已转我会处理,关于要求协助查寻你的亲生子赵毕屿的下落事,经与有关部门联系,最近据复称,赵毕屿现改名赵超屿……赵超屿于去年底结婚。其妻伍亚金现住……你可直接与他本人或与其妻伍亚金联系。此复。并祝健康。"中华全国归国华侨联合会来信答复组1965年2月13日写给华侨郑潮炯的回函中如是说。

华侨求助寻子

在江门五邑华侨华人博物馆,有座塑像叫"卖子救国郑潮炯"。

为支援祖国抗日战争,1940年,在南洋谋生的新会籍华侨郑潮炯和妻子决定将刚出生40天的儿子卖给一位华侨小贩作为养子,签下卖子契约,换来80元钱,并将这笔钱全部捐给了抗日筹赈会。到1942年,短短5年时间里,郑潮炯跑遍了南洋戏院、茶楼、码头、车站等,劝说侨胞为祖国抗日战争捐款,并把筹集的18万元义款全数交给以陈嘉庚先生为主席的南洋华侨筹赈总会。

"在保存下来的当年郑潮炯卖子契约背面,写了两个大字——血书。"五邑大学广东侨乡文化研究院院长、教授刘进说,"这可以看出当年他和妻子的心情。"

刘进介绍说，因为对儿子的思念，在抗战胜利后，郑潮炯夫妇就开始到处探听、寻找儿子的下落，一直到新中国成立。

张国雄、李镜尧所著《有国才有家——南洋华侨郑潮炯的史诗》一书中记载：1964年，郑潮炯夫妇二人与一个朋友又谈起寻找儿子的事情，这位朋友建议他们给新中国政府写信。

他们之前很多方法都试过了，这一次抱着再试试看的想法给北京寄了求助信。没想到这本不抱太大希望的举动，却给这对苦苦思念儿子的夫妇带来了意外惊喜。1965年2月下旬的一天，郑潮炯收到一封来自中华全国归国华侨联合会的信函。本文开头所引用的内容就来自这封信函。

"可以说，这封信函就是一封特殊的'回批'。"刘进说，"'回批'是侨眷或侨眷委托侨批递送机构在收到侨批后写给海外寄批（信）人的回头信。"

这封特殊的"回批"让郑潮炯夫妇激动万分，没想到新中国会这样善待一个海外侨胞的求助。这封"回批"详细告诉了郑潮炯夫妇关于他们的儿子郑社义（后改名赵毕屿，又改名赵超屿）的近况，一颗牵挂了20多年的思子之心终于踏实了，让在新加坡的一家人开心得不得了。

《有国才有家——南洋华侨郑潮炯的史诗》一书记载：1972年7月17日的《南洋商报》有一篇《鬻幼子，卖瓜子，救同胞，郑潮炯回忆往年》的报道，提到郑潮炯在提起找到失散20多年的儿子时"眉飞

色舞"。

"从当年的报道可知,那时候,离找到郑社义已经过去7年了,郑潮炯依然是那样激动兴奋,更可想7年前他们获知儿子还在世的消息是怎样的一种喜极而泣的情形。"刘进说。

从此,分隔20多年的亲人在新加坡与广东肇庆之间架起了书信往来的桥梁。

如今,这封珍贵的"回批"珍藏在郑潮炯二儿子郑社心的家里。

党和政府爱侨情深

"看到这封特殊的'回批',了解到当时的时代背景,我非常感动。"刘进说,"当时,新中国成立不久,国家建设有多少事情要做?一位普通华侨希望寻找分隔多年的儿子的'小事',国家都放在心上,硬是大海捞针一般帮助找出来了。"

"我想,当年中华全国归国华侨联合会接到这样一位海外寻找他下落不明儿子的求助信后,一定会通过各级侨联一级一级传达下来,各地有关部门又花了很多功夫,才终于把郑社义的下落搞清楚了。"刘进说,"这件事看似很小,却反映出新中国对华侨的关心、爱护和支持。"

中国共产党成立后,海外侨胞为中华崛起做出了重要贡献。而党和政府也一直爱侨情深，成为他们的坚强后盾。

"党的侨务政策与理论发源于延安时期。由于抗战需要，党提出了建立包括爱国华侨在内的最广泛的抗日民族统一战线，'侨'在党的事业中的地位得以凸显。"刘进说，中国人民政治协商会议第一届全体会议通过的《中国人民政治协商会议共同纲领》明确了在新中国，华侨是中国共产党领导下的统一战线的重要组成部分，奠定了保护华侨和侨眷利益的政治基础和法律基础。后来的《土地改革中对华侨土地财产的处理办法》充分考虑到广大爱国华侨的利益保障。为照顾华侨、侨眷、侨属的生活，新中国成立之初，还专门设立了华侨商店。党和政府创办了很多华侨学校、华侨农场等，让华侨感受到党的关心和温暖。

【作者】《江门日报》严建广
【来源】《江门日报》

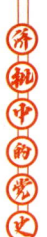

中华全国归国华侨联合会给郑潮炯的复函（1965年2月13日）

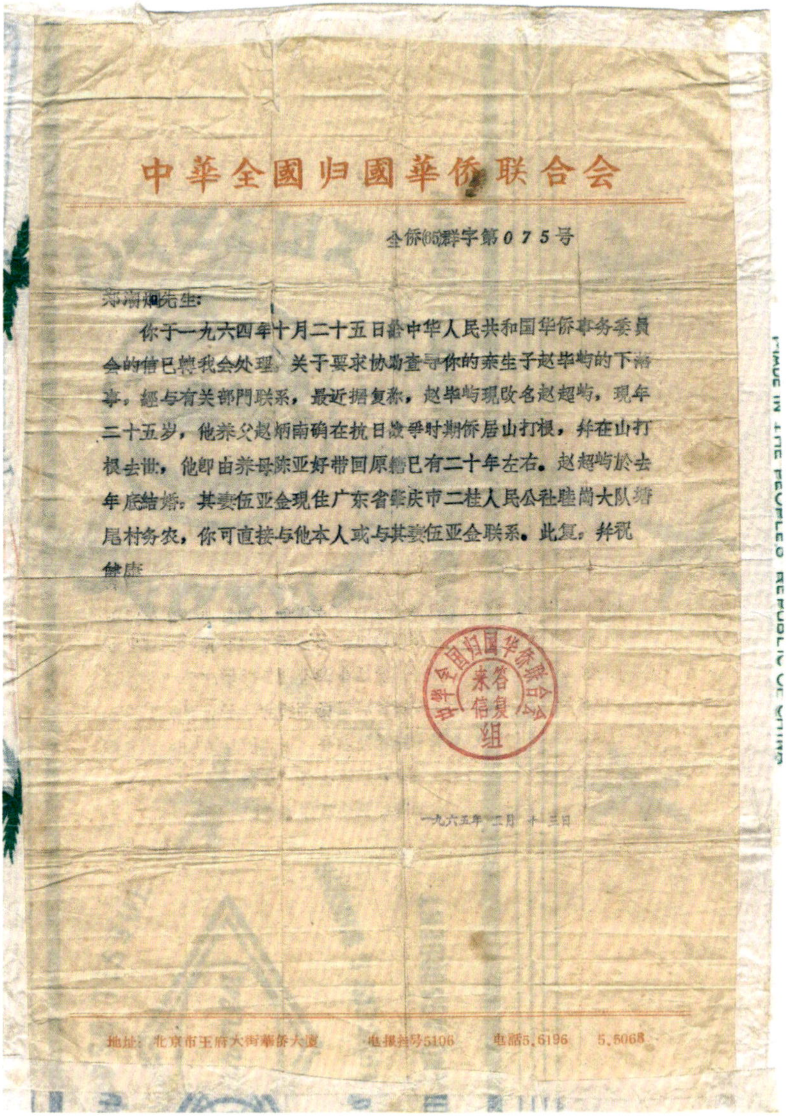

中華全國归國華侨联合会

全侨(65)群字第075号

郑潮炯先生：

你于一九六四年十月二十五日给中华人民共和国华侨事务委員会的信已轉我会处理，关于要求协助查寻你的亲生子赵华屿的下落事，經与有关部門联系，最近据复称，赵华屿现改名赵超屿，現年二十五岁，他养父赵炳南确在抗日战爭时期侨居山打根，并在山打根去世，他即由养母陈亚好带回原籍已有二十年左右。赵超屿於去年底結婚，其妻伍亚金現住广东省肇庆市二桂人民公社睦崗大队塘尾村务农，你可直接与他本人或与其妻伍亚金联系。此复，并祝

健康

中华全国归国华侨联合会 来信答复组

一九六五年二月十三日

地址：北京市王府大街華侨大厦　电报掛号5106　电話5.6196　5.5068

郑潮炯先生：

  你于一九六四年十月二十五日给中华人民共和国华侨事务委员会的信已转我会处理，关于要求协助查寻你的亲生子赵毕屿的下落事，经与有关部门联系，最近据复称，赵毕屿现改名赵超屿，现年二十五岁，他养父赵炳南确在抗日战争时期侨居山打根，并在山打根去世，他即由养母陈亚好带回原籍已有二十年左右。赵超屿于去年底结婚。其妻伍亚金现住广东省肇庆市二桂人民公社睦岗大队塘尾村务农，你可直接与他本人或与其妻伍亚金联系。此复。并祝健康。

中华全国归国华侨联合会来信答复组
一九六五年二月十三日

【资料来源】郑潮炯儿子郑社心先生收藏

扫码观看
侨批故事视频

"我们旅美侨民更希望祖国昌盛和强大，我们海外侨胞有好靠山"

——旅美华侨邓奕豪1979年写给家乡开平赤坎公社侨委会的一封侨批

> 现在处观阅有关报刊，祖国大搞四个现代化，我们旅美侨民更希望祖国昌盛和强大，我们海外侨胞有好靠山。现自愿赠送日本国制汽车一部和录音机一部给华侨委员会。
> ——邓奕豪

在五邑大学广东侨乡文化研究院，收藏着两封具有特殊意义的侨批，内容记载了改革开放初期，海外华侨和香港同胞积极支持祖国改革开放的史实。

1978年12月，党的十一届三中全会召开。全会决定将全党的工作中心转移到社会主义现代化建设上，提出了改革开放总方针，实行对内改革、对外开放的政策。1979年至1982年，我国先后设立了4个经济特区。许多侨胞和港澳同胞闻讯，都第一时间回国，他们捐资办学，捐献仪器设备、汽车、电视机、录音机等，以义举参与和支持祖国和家乡建设发展。而这两封侨批正好记录了当时爱国侨胞和香港同胞的义举，成为珍贵的印证史料。

喜闻改革春雷，乐捐家乡促发展

五邑大学广东侨乡文化研究院院长刘进教授介绍说，这两封侨批，一封是1979年4月，旅美华侨邓奕豪先生写给家乡开平赤坎公社侨委会的；另一封则是1980年10月，江门开平籍香港同胞余年富写给开平赤坎公社负责人的。

从信中内容可知，旅美华侨邓奕豪先生是开平县赤坎人，他在美国历经多年辛苦打工积累资金后，开设了新中国酒楼，兼营旅业、百货商店，一晃三十载过去。1979年4月，邓先生在美国通过报刊得知祖国的改革开放政策后，欣喜地写下这封信，表示愿捐赠汽车和录音机给赤坎公社侨委会，支援家乡建设。同为开平人的余年富先生出身机修行业，当时在香港和深圳两地已拥有工程队，说明他早已投身于祖国建设之中。余年富在信中提到，他在深圳的工程队里广纳乡亲，让乡亲们参与工程项目。当时，很多爱国同胞像余年富一样，主动将

先进的管理理念、资金及先进设备带回深圳，带动乡亲就业，帮助他们脱贫致富，助力祖国大陆的经济社会发展。

"广东作为我国东南沿海的华侨大省，在党中央的正确领导下，吸纳了大量外资、侨资，丰富了当时经济发展所需要的资金、技术和信息三大重要资源，成为改革开放排头兵。改革开放40年，海外侨胞给广东捐资超过500亿，其中捐资给江门也接近70亿。"刘进教授认为，改革开放以来，广大华侨华人和港澳台同胞为中国经济高速发展做出了巨大贡献。历史车轮滚滚向前，我国已经成为世界第二大经济体，华侨华人对推动中国经济发展立下了汗马功劳。上述两封侨批就是海外华侨和港澳台同胞支持家乡建设和祖国改革开放事业的缩影。

饱尝歧视不公，祖国才是坚强后盾

"我们旅美侨民更希望祖国昌盛和强大，我们海外侨胞有好靠靠山。"这是众多海外侨胞的共同心声，他们当中大部分人都迫于生计，背井离乡当苦力，他们在当年为生活或战争所迫飘零异乡，靠着聪明才智、吃苦耐劳、顽强不息的奋斗精神在异国他乡夹缝中谋生，最终立住了脚跟。然而，中国华侨劳工的出色劳动和非凡创造并没有为他们在异国他乡赢得应有的尊重，歧视和不公如影随形。在很长一段时间，华侨华人在海外的人身安全、经济权益和人权等难以得到真正公平公正的保障，因为当时自己的祖国还不够强大。

邓奕豪在信中提到，他旅居美国接近三十载。根据写信时间推断，他从新中国成立初期开始就已经在美国打工，其中经受多少困难挫折不言而喻。为什么新中国成立后，海外华侨华人欢欣鼓舞？刘进教授分析说："从邓奕豪将自己的酒楼命名为'新中国酒楼'，可见他尽管身在海外，也能强烈地感受到，个人与国家民族的命运紧密相连，只有实现国家和民族振兴，有祖国作为强大的后盾，才能让他们在海外挺直腰杆。改革开放的春风吹暖了华夏大地，进一步激发了奋斗在世界各地的广大游子的家国情怀，他们纷纷以实际行动支持家乡的发展。越出国越爱国，华侨华人对祖国繁荣昌盛抱有深切期望，因此他们也希望用自己的力量回馈祖国。"

刘进教授表示，余年富也深刻地认识到祖国强大的重要性，在祖国需要海外华侨华人和港澳台同胞支持的时候，他立即行动起来，为家乡与祖国的发展出力，"海外华侨华人和港澳台同胞与祖国骨肉相连，祖国是所有中华儿女的坚强后盾，华侨华人也是中华民族伟大复兴事业的生力军"。

赓续桑梓深情，共担使命追梦复兴

刘进教授表示，我国的改革开放这么成功，充分说明党中央的

战略决策和判断是非常正确的。1977年10月2日,邓小平在会见港澳同胞国庆代表团和香港知名人士利铭泽及夫人时说:"说什么'海外关系'复杂不能信任,这种说法是反动的。我们现在不是海外关系太多,而是太少。海外关系是个好东西,可以打开各方面的关系。"1991年一二月间,邓小平在上海调查改革开放的情况时说:"那一年确定四个经济特区,主要是从地理条件考虑的。深圳毗邻香港,珠海靠近澳门,汕头是因为东南亚国家潮州人多,厦门是因为闽南人在外国经商的很多。"党的改革开放政策和侨务政策走向正确的道路以后,海外的侨胞都非常振奋,极大地调动了他们参与祖国改革开放和现代化建设的积极性。从这两封侨批管中窥豹,可以了解更多当时海外侨胞和港澳台同胞爱国爱乡的历史贡献。

刘进教授指出,习近平总书记在纪念辛亥革命110周年大会上发表重要讲话,对海外侨胞和港澳台同胞投身中华民族伟大复兴事业给予充分肯定并寄予深情厚望。习近平总书记指出,经过近代以来的长期艰苦奋斗,中国人民创造了令世界刮目相看的伟大成就,迎来了民族复兴的光明前景。实现中华民族伟大复兴是全体中华儿女的共同光荣,也是全体中华儿女的共同使命。孙中山先生说:"惟愿诸君将振兴中国之责任,置之于自身之肩上。"实现中华民族伟大复兴,是包括海外侨胞和港澳台同胞在内的全体中华儿女的共同光荣使命。

【作者】江门广播电视台陈鲜儿

【来源】江门广播电视台

邓奕豪给赤坎公社侨委会的信（1979年4月20日）

赤坎公社侨委会：

愚是开平籍赤坎北炎世营里人，旅居美国将廿载，辛苦一生，积集资金，开设新中国酒楼、万营旅业百货商店，从事商业，年将廿年。现在庆观阅有画报刊，祖国大搞四个现代化，我们旅美侨民更衷心祖国强盛和强大。我们海外侨胞有好靠靠山，现有愿赠送日本国制汽车一部和录音机一部给华侨委员会，但未知同意接纳否，请早信覆，以便托亲人在香港购置，手续如何，乞主事来信指导。

大家安好

顺致

一九七九年四月廿日

愚邓奕豪谨

赤坎公社侨委会：

　　愚是开平县赤坎北炎世兴里人，旅居美国将卅载，辛苦一生，积集资金，开设新中国酒楼，兼营旅业、百货商店，从事商业亦将二十年。现在处观阅有关报刊，祖国大搞四个现代化，我们旅美侨民更希望祖国昌盛和强大，我们海外侨胞有好靠靠山。现自愿赠送日本国制汽车一部和录音机一部给华侨委员会，但未知同意接纳否？请早信复，以便托亲人在香港购置，至于进口手续如何，亦望来信指导。顺致

　　大家安好！

愚　邓奕豪　谨
一九七九年四月二十日

余年富给广东开平县赤坎公社负责人的信
（1980年10月30日）

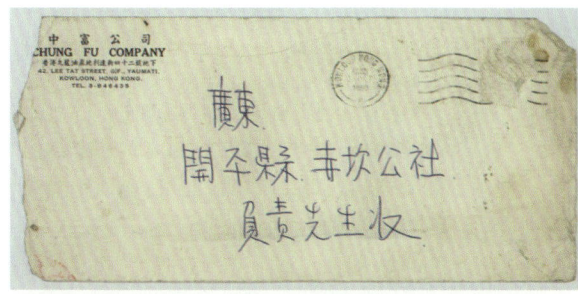

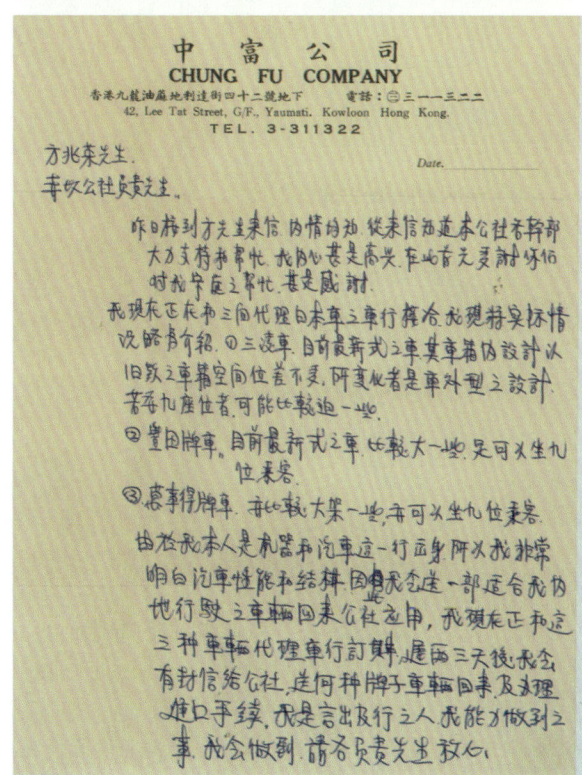

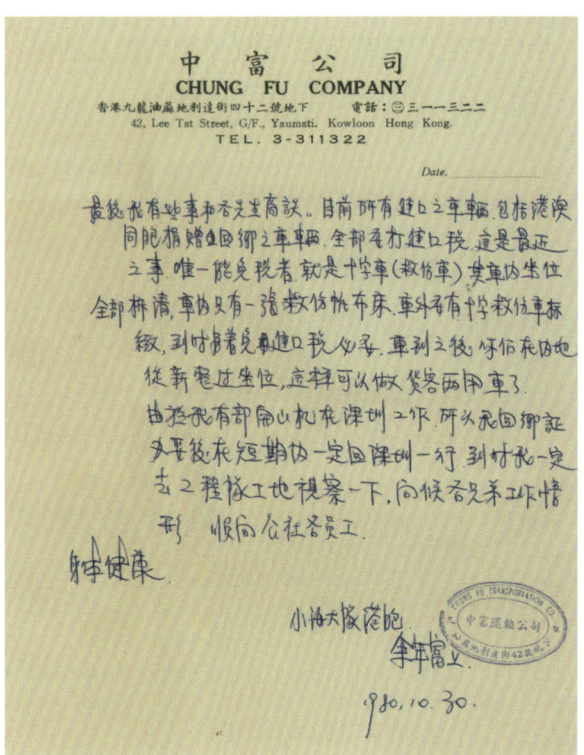

方兆荣先生：

赤坎公社负责先生：

　　昨日接到方先生来信，内情均知，从来信到知道本公社各干部大力支持和帮忙，我内心甚是高兴，在此首先多谢你们对我家庭之帮忙，甚是感谢。

　　我现在正在和三间代理日本车之车行接洽，我现将实际情况略为介绍：

（1）三凌（菱）车，目前最新式之车，其车厢内设计以（与）旧款之车厢空间差不多，所变化者是车外型之设计，若要九座位者，可能比较迫一些。

（2）丰田牌车，目前最新式车比较大一些，是可以坐九位乘客。

（3）万事得牌车，亦比较大架一些，亦可以坐九位乘客。

由于我本人是机器和汽车这一行出身，所以我非常明白汽车性能和结构，因此我会选一部适合我内地行驶之车辆回来公社应用，我现在正和这三种车辆代理行订购，迟两三天我会有封信给公社，送何种牌子车辆回来，及办理进口手续。我是言出必行之人。我能力做到之事，我会做到。请各负责先生放心。

……

由于我有部开山机在深圳工作，所以我回乡证办妥后一定回深圳一行，到时我一定去工程队工地视察一下，问候各兄弟工作情形，顺问公社各员工。

身体健康。

小海大队港胞余年富 上
1980年10月30日

【资料来源】五邑大学广东侨乡文化研究院

扫 码 观 看
侨批故事视频

"此次在美发动筹款建校，共筹得有美金三万五千一百零五元"

——旅美华侨黄栢旋1983年写给村干部的一封侨批

> 此次在美发动筹款建校，共筹得有美金三万五千一百零五元，除已汇归三万元之外，余款将在下次月会提出汇回，以便清理手续。
>
> ——黄栢旋

"一个亲自参与华侨爱国爱乡义举活动的老支书现身说法，来为大家解读侨批中的党史和故事，这种形式非常接地气，也很有意义。"五邑大学广东侨乡文化研究院院长刘进教授从一个家族上千封书信中找到两封特别的侨批，信中透露出我国在粉碎"四人帮"后及时进行了全面拨乱反正,逐步落实各项华侨政策,还见证了华侨黄栢旋支持家乡建设的历程。

为华侨政策拨乱反正欣喜

"我们从上千封黄茂隆家族的书信中找到这两封侨批,他们是五邑华侨支持家乡建设的历史见证,看完以后我深受感动。"刘进教授向记者介绍说,这两封侨批,一封是1978年6月时任甘边村党支部书记黄金泽写给在香港做生意的同胞黄茂隆的;另一封则是1983年4月旅美华侨黄栢旋写给黄茂隆的,黄茂隆复印一份寄到了甘边村。黄金泽在信中首先赞扬华侨心系祖国、热爱家乡的精神,他特别指出当时的华侨政策已有所改善,打倒"四人帮"后,我们党和国家正在拨乱反正,"文化大革命"期间的那些错误对待华侨的做法已经被纠正。

黄金泽写道:"打倒'四人帮'以后,国务院一再重申九条华侨政策,就是国家各级行政机关要保护华侨财产,华侨有汇款、存款自由,华侨汇款给在家侨眷和亲属是正常现象。华侨乐意支援祖国或家乡建设,表示欢迎。华侨汇款回家修建房屋所需材料,国家给以安排供应等等。"

刘进教授表示,我国对华侨、侨眷及其资产的法律保护一直很明确。新中国成立后,从中央到地方,各级都非常重视保护侨胞、归侨

和侨眷的合法权益。因此,党和国家制定了一系列有利于华侨在当地生存和发展,有利于保护侨眷、归侨合法权益的方针、政策和法律、法规。这些政策在《中国人民政治协商会议共同纲领》和1954年第一部宪法中都有体现。"而在'文化大革命'期间,海外关系成为一种负面的关系,影响了很多侨眷的工作和生活。'四人帮'被打倒后,我们党及时拨乱反正,恢复了对华侨、归侨和侨眷正当权益的保护。"

因而,"这些政策,一经公布于众,广大侨眷和群众皆大欢喜"。党的好政策激发了广大海外华侨捐献国家和支持家乡建设的热情,这也在黄栢旋写给黄茂隆的信中得到体现。

答应家乡的事必竭尽全力

黄栢旋在写给黄茂隆的信中,主要提及为家乡甘边村筹款建校的情况以及他将归国参加国庆活动和筹备组团回乡参加新校落成典礼等事宜。作为亲历者,台山水步甘边村原党支部书记黄建筹讲述了黄栢旋心系祖国,捐献家乡事业的故事。甘边华侨中学始建于1969年,1982年黄栢旋以旅美甘边同乡会顾问的身份,发起募捐重建甘边华侨中学。后来由于辖区生源减少,有关部门对该校进行了撤并,如今该校旧址已被租给一家园艺公司做办公场所。走在甘边华侨中学旧校园内,看着而今斑驳的建筑,黄建筹感慨万分。他回忆说,1972年初,尼克松访华，中美关系有所改善。看到报效祖国的机会到来了，黄栢旋毅然回到了家乡。

在甘边，他见到家乡生产落后，乡亲生活改善不快，心里很难过。返回美国后即分三次汇款（3万美元）给村里，帮助添置了一台拖拉机，希望提高家乡的农业机械化水平。但是限于当时的道路环境和耕作条件，甘边村要实现农业机械化还不现实，于是以黄金泽老书记为首的村干部与黄栢旋商量能否将剩余的款项用于发展乡村企业。

黄栢旋当即同意并再次捐资给家乡购买了一辆货车以及几十台缝纫机、包缝机等制衣设备，帮助家乡兴办起了甘边华侨制衣厂，使80多位乡亲当上了工人，解决了部分农村富余劳动力的就业问题。

"当时的村支书是黄金泽，我是大队长，黄栢旋几次回到家乡都是我们接待的。他对家乡的发展非常关心，黄金泽书记经常通过在香港做药材生意的黄茂隆，向他汇报甘边村的发展情况。黄茂隆每年春节都会回甘边村过年，他在香港为家乡和海外华侨起到了一个沟通的桥梁作用。"在黄建筹的印象中，黄栢旋是一个说一不二的人，对乡亲特别善良、大方，而自己的生活却很朴素，答应为家乡做的事，一定尽力做到、做好。

旅美华侨的捐款，每一笔账目、款项他都亲自过目把关并将相关票据公示。黄栢旋在写给黄茂隆的信中便提到了家乡寄来的用款收据。

自1980年以来，黄栢旋曾六度还乡，每次回来，对家乡各项建

设、村民生活甚为关心，尤其是对办学有着极大的热情。在得知近30年来家乡还没有出一个大学生后，他表示一定要想方设法，从各方面支持家乡办学，振兴教育，提高教育质量，迎头赶上。

为鼓励教师认真教学，学生刻苦学习，黄栢旋提出创立长城助学基金会，并且订出从1981年起的20年间，由他每年捐款2000美元奖励教学的计划。由于受到黄栢旋及其创立的长城助学基金会的鼓励，甘边学校的教学质量有了显著提高。从1981年到1992年11年间，有16人考上大专院校。

"1982年，黄栢旋以旅美甘边同乡会顾问的身份，发起捐建甘边华侨中学。得知这一消息，大家都很振奋。华侨出钱，我们出力，仅用一年的时间我们就把学校初步建成了。"黄建筹回忆说，黄栢旋筹款的过程并不容易，他先征得旅美甘边同乡会同意获得1万美元支持，又发动130多位乡亲捐款，加上甘边港澳乡亲的赞助，先后集得人民币20多万元。终于在1983年建成了一座4层高，有14间课室，铺装有自来水设施的甘边华侨中学新校舍，建筑面积1100平方米。

弥留之际仍牵挂家乡教育

据黄建筹回忆，黄栢旋1983年在参加甘边华侨中学建成剪彩仪式时已经生病了，回到美国后他的病情进一步加重："他在弥留之际仍然对家乡念念不忘，想着甘边华侨中学还缺一间图书馆和体育馆，后来他的子女帮他完成了这个心愿。可以说，没有黄栢旋就没有甘边村的今天，是他将甘边的华侨、乡亲团结起来，共同为家乡发展建设努力。他的无私奉献精神令我很感动。"

1984年2月，黄栢旋在病危时，在录音遗嘱中说："我的长城助学金每年2000美元，要在4月1日准时寄回学校。学校奖学金、新校舍已经实现了，还欠缺一间图书馆，这是美中不足。"录音留言后不久，黄栢旋便去世了，时为1984年2月12日，终年70岁。

1986年，黄栢旋的夫人叶佩珍女士及其子女和亲友等，秉承黄栢旋的遗志，合力捐资1.2万美元，为甘边华侨中学建设图书馆和体育馆，命名为"黄栢旋纪念馆"，以完成黄栢旋的遗愿。这一善举，让家乡人民看到了黄栢旋爱国爱乡精神得到传承和发扬。

当年全美华人协会南加州分会全体同人敬赠的牌匾如今仍然竖立在黄栢旋纪念馆内，以示纪念。牌匾上写着："黄公栢旋，数十年如一日，热心祖国，为家乡建设，贡献殊多，永为后人之楷模。"

华侨文化遗产保护须加强

据有关资料显示，在抗日战争期间，黄栢旋为祖国的救亡运动，积极带头捐资，支持祖国抗日。抗日战争胜利后，黄栢旋一直在美国

经商,成为一位爱国爱乡的华侨,曾被推选任美国华人协会南加州分会会长。

"以黄栢旋老先生为代表的爱国华侨对国家的发展、建设贡献卓著,他们大量的捐献,用于祖国发展的各项事业当中。江门市自新中国成立以来接受的华侨捐款、捐物折合人民币就超过70亿元,他们为祖国发展、家乡建设所做出的努力和贡献,无论何时都应铭记于心。"刘进教授表示,遍布江门各地的华侨学校,都是华侨支持家乡建设的直观体现。目前,以甘边华侨中学为代表的部分侨校已作为华侨历史遗址被保存下来,希望有关部门能够进一步做好活化利用。

【作者】江门广播电视台丁田发

【来源】江门广播电视台

黄栢旋写给黄茂隆的信（1981年4月29日）

茂隆弟：

收到你的来信，知道前寄回建校之款，已接校董会通知，提取了美金二万五千元。你尚未之收据及信件，而已代挂号同乡会给各乡亲过目，在此我代表各乡亲向你致以万分的感谢。

现郵连函付上美金共二千一百元。内有二千元係我们资助甘土学校的长城助学基金，收到后，请通知校董会如何提取支用。另有一百元美金，係腾村地荣平记托我代汇交台山，大江公社，山前大队潮波村任发新光签收，劳你代为转汇为盼。费神之处，在此再向你致谢。

我此来正筹备组团回乡为校开幕参加典礼。行期挂在今年九月尾，新春率团先往北京参加十一国庆。回程时才返乡下。约在十月中才到甘土。因今年连绵大雨，阻慢建校工程，因此我将回乡的旅程，排列在后。我们準備有一個月时间回国旅行及参加庆祝建校的成就。料你们在陸的足亦此至时一定组团一齐回去高兴了！我们大约有三十多人参加。

此次在美度筹款建校，共筹得有美金三万五千一百零五元。除已汇去三万元之外，余额将在下次月会提出汇回，以便清理手续。顺此报及，並祝

商祺

栢旋 四月廿九日

茂隆弟：

　　收到你的来信，知道前寄回建校之款，已接校董会通知，提取了美金二万五千元。你寄来之收据及信件，亦已代转交同乡会给各乡亲过目，在此我代表各乡亲向你致以万分的感谢！

　　现我随函付上美金赤二千一百元，内有二千元系我们资助甘边学校的长城助学基金。收到后，请通知校董会如何提取支用。另一百元美金，系脑村池添弟托我代汇交台山大江公社山前大队潮波村伍友新先生收，劳你代为转汇为盼。费神之处，在此再向你致谢。

　　我近来正筹备组团回乡为乡校开幕参加典礼。行期将在今年九月尾起程。我将率团先往北京参加十一国庆，回程时才返乡下，约在十月中才到甘边。因今年连绵大雨，阻误建校工程，因此我将回乡的旅程排列在后。我们准备有一个月时间回国旅行及参加庆祝建校的成就，料你们在港的兄弟也至时一定组团一齐回去高兴了！我们大约有三十多人参加。

　　此次在美发动筹款建校，共筹得有美金三万五千一百零五元，除已汇归三万元之外，余款将在下次月会提出汇回，以便清理手续。顺此报及，并祝商祺！

栢旋　四月廿九日

黄金泽写给黄茂隆的信（1978年6月28日）

茂隆宗兄大鉴 启者，韶光易逝，瞬约年华，阔别多年矣，不神驰於左右也。缅想

德业与时序同增，财源共春光並茂，定为所颂也。前者得桂秋函，没有驰函致候，年因文化83年有余，每有心欲速而不达之感，因听而一再抱延，以致通信中手足之情，竟月缺远，抱歉殊深，兄是知我者，定能谅我，茅寿至今托赖粗安，工作也很恢运，聊作自慰慰人，将此奉告，请释挂注是祈。

现得驰函致件之便，快把家乡情况奉告。去年家乡同全国一样呈现莺歌燕舞大好形势，全宗兄弟姊妹，团结一致，战胜大早奇灾自然灾害，收到大早之年大丰收的硕果，去年获得粮食产量超历史，也是建国二十九年，大丰收一年，出家乡建设打下扎实的基础。但距中央勒肯提示80年实现农业机械化，向四个现代化进军还距离很远。今年1月底得之来信、附有港纪念币2元，在入本乡信用社，支援农业生产，它有热爱祖国热爱家乡建设，人人赞扬兄的崇高道德。可恨过去由于四人帮，蓄意破坏我国政府实施的华侨政策，以达到他们乱中夺权的野心，打倒四人帮以后，国务院一再中央关于华侨政策，就是国家各级行政机关要保护华侨财产，华侨有汇款有汇自由，华侨汇款侨汇家和親眉等业等现象，华侨喜意支援祖国家乡建设，表示欢迎，华侨汇款回国修建房屋所需材料国家给以捡拔優先率事。这些政策一但宣布下达，广大侨眷和群友皆大欢喜。相信在外也有所听闻。本不作详细报道。耑此

身体健康。

弟 金泽手谕

来信地址：甘边古龙眠仪侯委
               专心转寄

78年6月28号

广东高鹤77155

茂隆宗兄大鉴：

启者：韶光易逝，流水年华，阔别多年，莫不神驰于左右也。缅想！德业与时序同增，财源共春光并茂，定如所颂也。

前者得接数函，没有驰函致候，弟因文化水平有关，每有心欲速而不达之感。因此而一再拖延，以致通信由手足之情，竟成疏远，抱憾殊深。兄是知我者，定能谅我。弟等在家托赖粗安，工作也很顺适。聊作自慰慰人，特此奉告，请释锦注是盼。

现得驰函致候之便，顺把家乡情况奉告。去年家乡同全国一样，呈现莺歌燕舞大好形势，在家兄弟姊妹团结一致，战胜大旱奇寒自然灾害，收到大旱之年大丰收的硕果。去年获得粮食产量超历史，也是建国（新中国成立）二十多年大丰收一年，为家乡建设打下初步的基础。但按中央和省提出80（1980）年实现农业机械化，向四个现代化进军还距离很远。

去年1月底得兄来信付有港银叁仟元，存入本乡信用社支援农业生产。兄有热爱祖国热爱家乡建设，人人赞扬兄的崇高道德，可恨过去由于"四人帮"蓄意破坏我国政府实施的华侨政策，以达到他们乱中夺权的野心。打倒"四人帮"以后，国务院一再重申九条华侨政策，就是国家各级行政机关要保护华侨财产，华侨有汇款、存款自由，华侨汇款给在家侨眷和亲属是正常现象。华侨乐意支援祖国或家乡建设，表示欢迎。华侨汇款回家修建房屋所需材料，国家给以安排供应，等等。这些政策，一经公布于众，广大侨眷和群众皆大欢喜。相信在外也有所听闻,弟不作详细报道。

并祝身体健康!

愚金泽手泐

78(1978)年6月28号

【资料来源】五邑大学广东侨乡文化研究院

第三章 侨批党史研究论文成果

{ **本章概述** }

学术研究是侨批价值凝练与传播的基础。为充分挖掘侨批中蕴含的诚实守信、艰苦奋斗、开拓进取、情系桑梓的精神内涵,江门先后在北京、广州等地举办多场全国性侨批文化研讨会,推动侨批学术研究成果高质量转化,开辟理论创新发展的新境界,打开了侨批研究的全新视角。

深挖"侨批中的党史"独特价值，汲取奋进精神力量

"家国情怀寄尺素——江门五邑侨批（银信）专题展"开展后，受到各方的关注。举办"侨批中的党史"专题研讨会，目的就是要深度挖掘侨批的历史价值，以全新的视角观照百年征程中国内的沧桑巨变，证明党的领导地位是历史的必然，是海内外中华儿女共同的选择。

（一）提高站位，充分认识挖掘侨批中的党史具有重要的历史意义和现实价值

2020年12月，习近平总书记在视察广东时强调："'侨批'记载了老一辈海外侨胞艰难的创业史和浓厚的家国情怀，也是中华民族讲信誉、守承诺的重要体现。要保护好这些'侨批'文物，加强研究，教育引导人们不忘近代我国经历的屈辱史和老一辈侨胞艰难的创业史，并推动全社会加强诚信建设。"因此，保护、活化利用侨批是贯彻落实习近平总书记视察广东重要指示精神的具体举措。2021年是中国共产党成立100周年，侨批的研究活化必须紧紧围绕这一主线工作，让侨批文化更好地为党和政府中心工作服务，更好地观照现实，使之在新时代散发夺目光彩。

一是丰富的侨批资源为研究"侨批中的党史"提供了大量素材。近代以来的侨批见证了中国逐步成为半殖民地半封建社会、人民生活在水深火热之中的历史，见证了旧民主主义革命和中国共产党领导的新民主主义革命、社会主义革命的全过程。这些"跨越山海"的家书记载了华侨华人爱国爱乡的真挚感情，记录了其与祖国同呼吸、共命运的点点滴滴。中国共产党带领中国人民近百年来取得的伟大成就，在华侨华人寄给家乡亲人的侨批中，有许多直观的反映、多重的映射，其内容之广、感情之真、角度之多，为开展具有特色的党史研究提供了丰富的素材。

二是研究"侨批中的党史"让侨批的活化开辟了新的广阔天地。当前的侨批研究更多集中在华侨精神、中国文化以及近代华侨史、家族史、经济史、社会史、金融史、邮政史、中外交通史、国际关系史等方面,侨批中的党史发掘研究涉及极少。开展侨批中的党史研究将弥补上侨批研究中最重要的一环,为侨批的活化利用提供更加广阔的空间和广袤的沃土,让侨批的活化做到与时代同步伐、以人民为中心、以精品奉献人民。

三是挖掘"侨批中的党史"让党史研究打开了全新的视角。目前国内党史研究渠道丰富、方法多样,在多个维度都取得了丰硕成果,但是从华侨书信的角度去解读、观察中国共产党党史在国内几乎还是空白。书信是历史研究中的重要佐证,华侨的书信从第三者的视角去审视中国近代历史,更富真实性、更具客观性。因此,从侨批出发,挖掘华侨书信中的党史故事,为研究党史开辟了一个全新的渠道,将使党史变得更加立体、丰满。

四是挖掘"侨批中的党史"为党史学习教育提供了一个崭新的平台和方向。党史学习教育是一项长期的基本常态化先导教育。如何让学习教育更具特色、更接地气、更有效果?必须从自身特点出发,结合实际,才能让学习教育更有针对性、有效性。侨批与广大侨乡人民具有天然的亲近优势,是向侨乡乃至全国人民讲述党史故事的优秀载体。

（二）学思践行，深入挖掘解读侨批中党史故事和精神力量

2021年4月，江门创新开展了"侨批中的党史"挖掘，在党委政府部门、五邑大学、民间藏家、媒体的通力合作下，以理论研究为基础，以全媒体产品为形式推出"侨批中的党史"，在全社会和海外华侨华人中引起了强烈反响。

一是坚持透过侨批，挖掘五邑华侨华人为中国革命英勇斗争的生动史实。例如，五邑华侨华人博物馆的收藏室内，一封寄往英国的银信让人窥见昔日香港地区工人运动一角："自此次罢工风波之后，在英人方面其态度略见和平，至于在港奸商以卖国之徒，亦见下气。""倘能从此做去再进一步，则我中国未可限量也。"银信中所提及的"罢工"，正是在中国共产党领导下的反帝爱国斗争之一。我们通过对此封银信的解读，宣传了20世纪20年代，中国共产党组织领导的香港海员大罢工、省港大罢工，讲述了在新民主主义革命进程中，五邑华侨华人始终坚守爱国之心，怀抱报国之志，为新民主主义革命的胜利做出了重要的贡献的史实。

二是坚持透过侨批，挖掘五邑华侨华人参与社会主义建设的鲜活故事。新中国成立后，以司徒美堂为代表的五邑华侨华人不顾列强封锁，或抱着建设新中国的良好愿望，毅然放弃国外优越的生活条件回国效力；或支持和配合新中国的外交活动；或积极投资家乡、祖国促进实业发展，为新中国政权巩固和社会主义建设做出了重要贡献。例如，1959年底，回国观光后深受触动的江门华侨梁葆常，把在加拿大的资产全部转回国内，支持新中国建设。他在写给儿子的信中兴奋地说："结束了可悲的海外生涯，回来光明康壮（庄）的祖国了！"尽管回归之路不顺，"许多人未同意我的见解，但我用行动来参加了革命队伍"，赤子丹心，其诚可鉴。

三是坚持透过侨批，深挖五邑华侨华人代代相传、始终如一的爱国情怀。我们在侨批中发现，满怀赤诚爱国心的旅美华侨许满大在贫病交迫落魄异邦时，仍牵挂着祖国，写信寄语儿女"同心合一，加倍努力，为国、为家、为人民公众后世子孙之乐园而斗争"。此类侨批不在少数，我们通过对这些侨批的解读，讲述了自鸦片战争之后，大批五邑先民漂洋过海、拼搏进取，但无论居于何时何地，他们始终心系祖国，言传身教，嘱托后代不忘爱国情、报国志的历史故事。

四是坚持透过侨批，深挖百年历程中人民和民族命运的根本改变。中国共产党成立之后，人民的命运、民族的命运、国家的命运，从此开始改变，最后"换了人间"。这在广大华侨华人心中留下了深刻的印象，国家地位的改变给他们带来的自豪感在侨批中也得到反映。例如，美国华侨谢汝健曾经带回一批家族侨批，在这些侨批中，可以体会到华侨对新中国的自豪之情："现我国国际地位，已居强国之一，比以前政府不同，今日的政府，真正系为大众谋利益。"

（三）学史增信，从侨批中的党史故事汲取奋进前行的力量

"侨批中的党史"故事，通过专家的挖掘阐释解读，不仅见证了昨天，更能观照现实，让我们感叹大党之伟、国家之变、人民之幸、丹心之坚，激发了内心更强大的精神力量。

通过解读"侨批中的党史"，深刻认识到侨乡故事就是中国故事。五邑侨批记载的不只是属于侨乡的故事，折射的是近代中国的历史，体现的是中国人民的集体记忆。在国将不国，家不成家的时候，五邑乡亲漂洋过海艰苦创业；在民族独立，国人自强的时候，华侨华人投身革命保家卫国；在国运兴隆，家业兴旺的时候，华侨华人回国创业建设家乡。挖掘侨批中的侨乡故事，就是说明一个道理，只有坚持中国共产党领导、坚持走中国特色社会主义道路，中国才能发展、民族才能独立、人民才能富强；只有祖国强大，海外华侨华人才有信心和底气。

通过解读"侨批中的党史"，深刻认识到华侨精神就是中国精神。一封封侨批让开拓进取、爱国爱乡、开放包容、敬业奉献的华侨精神跃然纸上，光芒闪耀。这种精神实质就是中国精神在海外华侨华人身上的具体体现，是中国精神在海外的延伸。五邑华侨虽身在海外，但血液里流淌的是中华民族的文化基因，祖国是他们的"根"，民族精神始终是他们的"魂"。挖掘侨批中的侨乡故事，就是通过弘扬华侨精神，弘扬中华优秀传统文化，传承红色基因、赓续精神血脉，凝聚起奋进新征程中的共同力量。

通过解读"侨批中的党史"，深刻认识到侨批活化就是传承发展。侨批作为"世界记忆遗产"必须活化发展。"侨批中的党史"挖掘活动是做"活"侨批文化创新之举，但侨批活化任重道远，要继续在潮流包装上下功夫，在年轻一代人上下功夫，更加注重侨批活化的体验感，打通侨批活化新路径，真正让侨批活化产品更有意义。

【作者】中共江门市委常委、宣传部部长陈冀

【来源】《南方日报》

侨批：见证侨胞家国情怀体现文明互学互鉴

2020年10月13日，习近平总书记参观广东省汕头市侨批文物馆后强调："'侨批'记载了老一辈海外侨胞艰难的创业史和浓厚的家国情怀，也是中华民族讲信誉、守承诺的重要体现。要保护好这些'侨批'文物，加强研究，教育引导人们不忘近代我国经历的屈辱史和老一辈侨胞艰难的创业史，并推动全社会加强诚信建设。"习近平总书记的重要讲话为我们做好侨批保护研究与价值推广工作指明了方向、注入了强大动力。

侨批是近代中国国际移民文献

"侨批"亦称"银信",是指近代以来海外华侨华人主要通过民间渠道寄给国内眷属的家书(信)和汇款(银)凭证的统称,其基本特征是银、信合体。

侨批是中国近代国际移民(即华侨华人)文献遗产。鸦片战争后,大量无以为生的华南沿海民众远赴外洋谋生,他们将大量的侨汇和家信源源不断地寄回祖国,用以赡养家眷、维系感情、沟通信息,因而在民间产生这样一种中国国际移民的文献遗存。20世纪70年代后期侨批业务归口中国银行管理,历时百余年的侨批才终成历史。

侨批来源于东南亚、美洲和大洋洲等数十个国家和地区,现今主要保存在广东、福建两个华侨大省,特别是两省的四个著名侨乡,即潮汕、梅州、江门五邑和闽南侨乡的文博机构中。2013年,广东和福建两省整合侨批资源,经过抢救、挖掘、整理和研究,成功将收藏的16万件侨批档案列入《世界记忆遗产名录》。

蕴藏浓厚的家国情怀

海外谋生的侨胞肩负着改善家人生活状况的重任,侨汇是经济血脉,家人得以维持生计,改善生活;书信是维系海内外家人情感的纽

带,每封侨批都体现了侨胞的家庭责任感,充满侨胞对家人的思念和关爱之情。

近代侨胞主要是洗脚上田的农民,他们在海外长期的生存中,逐渐形成团体意识、民族意识,开始关注家乡的发展,积极参与家乡建设。20世纪30年代,社会学家陈达在其《南洋华侨与闽粤社会》一书中指出,闽粤华侨"在南洋所获得的深刻而悠久的经验,使他们的思想和行为,逐渐顾到社会的利益;使他们孜孜为利的私自观念,转变到为大众谋幸福的社会观念;使他们的目光放得远大,乐于经营或建设祖国的乡村与市镇"。近代以来,华南侨乡的诸种建设,举凡修筑铁路公路、举办学校医院、投资工商、兴建圩镇,都离不开侨胞的贡献。

近代的侨胞因国家内忧外患、生计困苦而背井离乡、出洋谋生。他们远离祖国,更加体会到祖国积贫积弱是他们饱受歧视和排斥的根源,因此渴盼民族复兴、国家富强。从辛亥革命、抗日战争、新中国建设到改革开放,海外侨胞厥功至伟。侨批以私文书的形式真实记载了千百万侨胞关心国家民族命运、积极参与民族复兴伟业的心路历程。以抗日战争为例,这一时期的侨批记录了海外侨胞浓浓的家国情怀。1931年11月,一位名为关崇初的美国华侨给弟弟写信说,要送孩子阿炯到美国政府主办的飞行学校学习驾驶技术,他希望阿炯能够"专心学习,将来得以成功回国最大用之事业也"。1937年10月,华侨刘炳良写信报告侨居地华侨踊跃捐款情况,并说:"国家兴亡,匹夫有责，华侨分子更应踊跃，缘平素受制于人之苛例下，实指不胜屈，岂非我国积弱之故耶！凡我侨胞，既不能前方杀敌，亦当勉输财力，誓为后盾，方不负七尺之躯也。钱财如粪土，国破家何在？！"爱国之情，跃然纸上。

吸收中外优秀文化

有学者指出，移民往往是那些具有创业才能、有活力的社会成员。近代勇敢迈出国门的侨胞，身上体现着"穷则思变""自强不息"的精神，并将这一中华优秀文化传播到五湖四海。侨胞具有强烈的家庭观念，省吃俭用，尊老爱幼，每逢中秋、春节和长辈生日，用大红信笺写信并寄钱回家；秉持和为贵理念，叮嘱家人要睦家友邻；告诉家人要以勤俭、勤劳作为立身之本；叮嘱家人要讲诚信，侨批从侨居国递送到侨眷手中，辗转万里，靠的就是递送者的诚信经营；谆谆教导子弟立志向学，增长才干，提升自我，报效国家，"天下兴亡，匹夫有责"这样的话语不时出现在他们的书信中。

侨批也彰显出侨胞以开放、包容的胸怀吸纳域外文明。侨胞是近代较早实地观察西方发达国家真实状况的最大中国人群体，也是较早自觉地将侨居国先进的器物、制度、思想文化引进家乡的中国人群体。侨批记载了不少新思想、新发明、新发现，推动了先进事物和思

想文化在家乡和祖国的实践和传播,如清末侨胞在广东修筑新宁铁路、潮汕铁路。1930年,一位菲律宾华侨在家信中说,广东台山家乡华侨新村若建设成功,则"电灯、自来水可以一齐并举,入其乡如仙境"。

强化保护、深化研究、弘扬价值

目前,国家社科基金已资助多项侨批整理与研究项目,侨批的挖掘研究已有良好基础,各方面要继续坚持对侨批进行抢救、保护、整理、研究、转化,不断发展弘扬侨批价值。

对侨批进行整体性保护、抢救性征集。侨批的属性不仅依靠华侨书信和侨汇凭据来承载,与之相关联的还有账本、货单、护照、口供纸、日记、股票、族谱、契约、政府文档等,以及侨批局印鉴、匾额、巡城马(水客)运送侨批的工具、生活用具以及侨批局、金庄银号遗址等,对我们认识侨批和梳理侨批历史具有重要价值,均应纳入抢救保护的范围。目前,尚有大量侨批流转于民间。据统计,20世纪50年代仅广东省每月的侨批数量就达30余万封,现存于文博机构中的侨批数量仅为实际存世数量的极小一部分,必须继续实施抢救性征集。

深化侨批学术研究,开展国际学术交流。侨批文书收藏在中国,为中国学者开展国际学术研究提供了资料、话题等方面的优势条件,是学术界难得的尚未充分挖掘与利用的原始文献资料。要推动侨批的多学科、跨学科研究。侨批虽是近代普通侨胞日常生活的记载与见证,但它与国际移民、金融商业和所处的时代、地域紧密相关,涉及历史、政治、法律、经济、遗产保护等多学科的研究领域,为交叉学科研究、新兴学科发展提供了广阔的学术空间。国学大师饶宗颐认为,侨批价值"与徽州文书相等",是侨乡的"敦煌文书"。只有多学科、跨学科研究,才能一窥其底蕴。同时,要加强国际比较与学术对话。侨批的本质属性是国际移民书信,相较于国外学者倾向研究国际移民书信中的情感交流,中国学者更多地关注海外华侨对家庭、家族、家乡、祖国的关系,表现出东西方文化的差异。只有将侨批置于同一时代国际移民大视野下开展国际比较研究,才能更好地认识中国国际移民的共性与个性,更好地挖掘侨批文书的价值。

加强法律保护,传承弘扬侨批价值。侨批档案已是世界记忆遗产,但侨批产权和收藏主体多元,亟须完善法律保护机制。2018年,广东省通过《广东省侨批保护管理办法》,侨批保护初步有法可依,但如何做到有法必依,尚需艰苦探索。侨批的灵魂在于其家国情怀、文明互学互鉴的先行实践。近些年来,通过建设侨批(银信)博物馆,多方面推广宣传,在弘扬侨批历史文化价值上进行了有益探索。今后应进一步挖掘侨批的人文精神,向公众特别是青少年讲好艰苦创业、爱家爱国的生动故事,向世界讲好侨胞文明互学互鉴、构建人类

命运共同体的鲜活事例。

【作者】张国雄系中国华侨历史学会副会长、国家社科基金特别委托项目"侨批文书整理与研究"首席专家、五邑大学学术委员主任;刘进系国家社科基金特别委托项目"侨批文书整理与研究"子课题负责人、五邑大学广东侨乡文化研究院教授

【来源】2020年11月18日《光明日报·理论版》

"侨批中的党史"的文献挖掘、学术研究与多元传播

在党史学习教育活动中,中共江门市委宣传部策划的"侨批中的党史"全媒体系列宣传报道,取得丰硕成果,受到上级领导充分肯定,得到党员和群众广泛赞誉,成为江门党史学习教育自选动作的最大亮点之一。这一成功实践和探索对挖掘侨乡文化资源,坚持"国家所需,江门所长",夯实"中国侨都"文化内涵,讲好中国故事,树立文化自信等,具有重要启示和借鉴意义。现将活动策划理念、内容内涵、传播方式、成功经验及其启示总结如下。

（一）策划理念：落实习近平总书记关于党史学习教育方式方法创新和特色鲜明的要求

习近平总书记在党史学习教育动员大会上强调，"在全党开展党史学习教育要务求实效""要注重方式方法创新""坚持规定动作和自选动作相结合，开展特色鲜明、形式多样的学习教育"。党史学习教育如何形成江门特色？中共江门市委宣传部研判认为：

一是习近平总书记2020年视察广东时关于华侨历史的重要论述是江门市开展党史教育的重要遵循。习近平在视察潮州和汕头时对岭南文化、华侨精神、侨批价值和华侨华人对中国改革开放的贡献做了重要论述，这也是我市作为中国著名侨乡创新性开展党史教育的重要内容之一，又可以形成我市特色鲜明的自选动作。

二是党心连侨心，中华民族伟大复兴是党心与侨心的关键联结点。

三是江门在挖掘、保护、研究和活化利用侨文化资源上走在全国前列，拥有开平碉楼、侨批两项世界遗产。侨批是文献遗产，内涵丰富，数量巨大，是阐释党史、新中国史、改革开放史、社会主义发展史的宝贵资源。因此，决定启动"侨批中的党史"全媒体系列报道活动。

（二）内容为王：紧紧围绕党史主线讲好党心连侨心的生动故事

习近平总书记指出："在全党开展党史学习教育，是牢记初心使命、推进中华民族伟大复兴历史伟业的必然要求。"党心与侨心的关键联结点就是实现中华民族伟大复兴。通过不同时期侨批中的党史故事，可以让受众回到历史现场，深刻体悟中国革命、社会主义建设与改革开放的伟大历史意义，中国共产党人为人民谋幸福、为民族谋复兴的崇高初心使命，海外侨胞和港澳同胞深厚的家国情怀，以及他们对中国共产党使命担当的认同、赞赏、支持。

此次研究亮点纷呈。举例来说肯定大革命时期中国共产党领导的省港大罢工，符合历史发展的潮流和方向。一位英国华侨认为按照省港大罢工的革命方向，"倘能从此做去再进一步，则我中国未可限量也"。

对中国共产党领导人民洗雪民族耻辱的高度赞扬。加拿大华侨梁葆常1949年8月给家人的信中激动地说："天亮了，我们中华民族百多年来受外人所施的奇耻大辱，用我们勇士的血来洗涤净尽了！我们有了那群受尽人间所有的苦难的知识者群来领导建立人民主权，建立一个新的划时代的自由独立的国家。"

对中国人民站起来成就的欢欣鼓舞。1953年8月，一位印度尼西亚新会籍女生赞扬说："中国人民在伟大的中国共产党和毛主席正确

领导下获得了彻底的解放，强大、自由、独立、幸福的新中国已屹立在世界上，中国人民成为真正的主人翁了！"

对新中国保护、发展工商业政策由衷赞赏，并相信在党的领导下一定会实现工业化，富民强国。华侨伍尚厚在民国时期创办岭南化学工业厂，长期亏损。新中国成立不久，他的工厂就扭亏为盈，他感慨地说：新中国"政府正确之政策，维护工商，金融安定"，与"国民党之伪政权与人民政府之保障人民利益，大有不同"。1958年，美国华侨李礽畅给儿子的信中赞扬新中国"改造科学工艺业，建造工厂无限多量"，前景可期。

批判美国宣扬的价值观十分伪善，号召中国青年"尽爱国保家之责"。1959年，在美国打工数十年的许满大已是疾病缠身，风烛残年，可是，他在家信中谈论国事多而提及家事少。他批评美国"愚弄中国人之智慧与思想，分散中国人之志向，离间中国之团结力与向心力"，"其所谓道德文明，实有言过其实之嫌"，如果"中国人民不再思全体上下通力合作建设，再后定无机会兴起回头"。他对子女们说："祖国今日之局势将定必向荣，虽有难苦，为人人之如是。身为男子，生于斯，长于斯，而育（于）斯，应尽爱国保家之责。当今祖国建设难苦之期，无论何人不能逃被（避），如有逃被（避）者，是为国与家之大逆。"

为祖国原子弹爆炸而自豪骄傲。1964年11月，一位加拿大华侨在家书中说："最近祖国居然在十月十六日，在新疆的一事成功后，在史书中写下光辉的一页，这一页震荡了整个世界，使世界每一个角落都在议论纷纷。祖国的前途，使生活在祖国大陆上的人民不可忽视。为中国人的一员，是值得自豪。优秀的中国人，在科学技术上有不可想象的成就。"

位卑未敢忘忧国，有国才有家，这些家国情怀的词语经常在家书中流淌，令读者、观众动容。

（三）多元传播：把高水平传播和社会效益放在首位

"侨批中的党史"线上和线下两种方式相结合传播，网络与线下同频共振，宣传效果好。

一是每期作品在报纸、电视台、网络和新媒体同步推出，形成集群传播效应。参与报道的媒体有《江门日报》、江门市广播电视台、《南方日报》、广东广播电视台、《广州日报》、《南方都市报》等省、市级主流媒体。江门市广播电视台在晚间黄金时间新闻节目中播出《侨批中的党史》。每期作品点击率都比较高，有的甚至达到数万。

二是原创作品在国家级媒体平台转载率高。不少作品被新华网、人民网、中央电视总台国际在线、中国小康网、中国报道网、文旅部官方App"文旅中国"等转载。

三是线下举办主题展览和学术研讨会。为纪念建党100周年，中

共江门市委宣传部策划在北京和广州分别举办"家国情怀寄尺素——江门五邑侨批(银信)专题展",其中融入"侨批中的党史"内容,这个展览受到广泛关注,获得极大成功,中央电视台新闻联播、广东广播电视台新闻联播报道了展览消息,广州塔为展览亮灯。在广州举办展览的同时,还举办了"侨批中的党史"学术研讨会,中共党史和文献研究院、中国华侨华人研究所、中山大学、暨南大学等科研院所的专家学者一致赞扬从侨批文献探讨中共党史和国史,为党史和国史研究提供了新材料、新视野、新方法、新观点,创意好,极具创新性,值得借鉴推广。

四是以文艺展演助力"侨批中的党史"。市委宣传部策划的舞剧《侨批·家国》首演成功,中央广播电视总台新闻联播报道了演出盛况。音乐情景诵读剧《侨批·中国》正在开展巡演。

(四)经验与启示:侨乡文化遗产在新时代讲好中国故事大有可为

"侨批中的党史"全媒体传播活动还在持续进行,但其已经显出的成功经验,对于我市夯实"中国侨都"文化内涵,高质量建设华侨华人文化交流合作重要平台,增强海外侨胞、港澳同胞的文化认同、民族认同,做好我市宣传和统战工作均具有借鉴意义。

一是侨乡文化遗产是夯实"中国侨都"文化内涵、讲好中国故事的宝贵财富。近代以来的华侨史、侨乡史与中国近现代史同步同源,侨乡文化资源就是中国近现代历史的产物之一,与中国近代民主民族革命、抗日战争、社会主义建设和改革开放的历史密不可分,挖掘、研究、活化利用丰富的侨乡文化资源,是新时代江门"中国侨都"文化内涵建设紧贴党和国家文化战略,讲好江门故事、广东故事、中国故事的宝贵财富。"侨批中的党史"取得巨大成功就充分证明了这一点。

二是丰富的侨乡文物文献是活化利用的重要基础,必须投入一定的资金和人力继续抢救性征集。江门华侨文物之多、内容之丰富、价值之高位居全国前列,之所以有这个优势,就是江门市委、市政府在新世纪之初的两大文化工程"江门五邑华侨华人博物馆"筹建和"开平碉楼与村落"申报世界文化遗产时特别重视文物文献的征集工作。此次"侨批中的党史"是在数万件侨批中精选而来,主要来自华博馆、五邑大学广东侨乡文化研究院和民间藏家。优秀的侨乡文化需要不断挖掘、研究与传承。丰富的第一手资料是产出第一流成果的关键基础,否则就犹如巧妇难为无米之炊。

三是学术研究是挖掘、活化利用侨乡文化资源的手段。此次"侨批中的党史"传播的成功,五邑大学广东侨乡文化研究院的学术支撑功不可没。江门市委、市政府应继续加大力度扶持设立在五邑大学的华侨华人文化研究院,引进和培育高水平人才,支撑"中国侨

都"文化内涵建设。

四是党的坚强领导是重要保障。此次"侨批中的党史"从创意、策划、运作,中共江门市委宣传部负责同志亲自谋划,亲自主持,亲自参与,并指派处级干部1人专负其责。在中共江门市委宣传部的领导下,各部门协同配合,无缝对接,五邑大学广东侨乡文化研究院进行学术支撑,选派研究有素的专家学者挖掘侨批素材,并向媒体记者专题进行指导、解读;侨批收藏单位和民间藏家密切配合,提供侨批实物;媒体部门深入采访,精心制作作品,多元传播。

【作者】中共江门市委常委、宣传部部长陈冀;五邑大学广东侨乡文化研究院教授刘进

【来源】2021年江门市哲学社会科学研究规划课题"'侨批中党史'的文献挖掘、学术研究与多元传播"(项目编号:JM2021B22)成果

品读侨批中的红色印记

"我可以说我已结束了可悲的海外生涯了,回来光明康壮(庄)的祖国了!许多人未同意我的见解,但我用行动来参加了革命队伍里,在那数十余年的争斗中[,以]坚决奋勇不移的意志完成我那意识和认识的。"这份写于1959年、出自加拿大爱国侨胞梁葆常之手的侨批,近期通过公开展览与更多观众见面。

2021年7月23日,"家国情怀寄尺素——江门五邑侨批(银信)专题展"(下文简称侨批专题展)在广东省博物馆开幕。

专题展展出大批珍贵侨批,全景再现五邑籍侨胞的拼搏奋斗历史,讲述"侨批中的党史"故事。

"触摸"信笺中的家国情怀

"这封侨批是当年旅居美国的华侨寄给家乡父亲的信。信中,他除了问候家人,还寄了200元钱,并且做了具体的分配,关照到了多位家人和亲戚。希望这封信能让大家更加生动地了解当年华侨远渡重洋艰苦创业、不忘祖国家乡的历史。"开幕式上,江门华侨青年企业家、民间收藏家罗达全将这套自己收藏的侨批捐赠给侨批专题展。

走进专题展,细细品读写尽沧桑的侨批,"触摸"侨批背后的故事,浓浓的家国情怀渗透在字里行间。展览展出馆藏文物史料及民间藏家藏品共130多件,历史图片、史料图片、图表近150幅,分为"何为侨批(银信)""递送侨批(银信)""游子之心""桑梓之情""报国之志""复兴之梦"6个部分。这是继2021年4月江门五邑侨批(银信)走进北京中国华侨历史博物馆后,江门举办的又一次高规格的侨批专题展览。

勾勒党史中的华侨身影

"这次展览的亮点在于,将中国共产党历史与侨批历史故事交融,从一封封侨批中,深入解读五邑籍华侨华人与中国共产党的关系,反映华侨华人在中国共产党发展史上的积极贡献,展现中国共产党带领中国人民走过的波澜壮阔的奋斗历程。"江门市博物馆高东辉在评价展览时指出。

在海量的侨批中，大篇幅直接讲述与中国共产党相关内容的侨批十分珍贵。五邑大学广东侨乡文化研究院院长刘进在开展深入研究过程中，对旅美华侨许满大写给儿女的侨批印象深刻。"在这封侨批中，许满大以自己的所见所闻、所思所想，向国内的年轻人揭示了西方资本主义国家的真实社会情况及本质，生动展现了海外侨胞对中国共产党领导下的新中国政府抱有的期望和信心。侨批中，许满大深情寄语新中国的青年，生动诠释了中华民族优秀传统文化和民族精神，体现了老华侨希望子女传承爱国、勤奋、自强家风的愿望，把华侨的赤诚爱国心展现得淋漓尽致。"刘进说。

"华侨华人在中国发展和中国共产党成长的历史中扮演了独特角色，每封侨批的背后都是一个鲜活的故事。让更多人了解侨批，通过文物和历史片段，重温华侨华人奋斗史和中国共产党发展史，就是一堂深刻的爱国主义教育课。"罗达全表示。

让更多人了解"活的"侨批

"华侨书信是有血有肉的，侨批展现的历史是活的，这些侨批就是小家连大家、党心连侨心的力证。"刘进研究侨批文化已经有十余年，研究方向包括侨批的申遗、立法保护、博物馆的建设等。他表示，一封侨批，一份思念，字词虽短，却见字如面。深挖侨批背后故事，可以激活侨胞对家乡的永久记忆，更好地宣传中华优秀传统文化，增强我们的文化自信。

近年来，江门在侨批活化展示方面进行大量积极探索，建成台山银信纪念广场和银信博物馆，举办品牌活动"少年中国说"华侨书信朗诵会，走进北京、广州、武汉等10多座城市进行巡展，参与海外侨批交流展示，创作侨批元素文艺作品等，积累丰富经验，取得较好效果，使沧桑的侨批焕发新的生机。

"如果有机会，我们想在更多地方举办侨批专题展，让更多人认识侨批文化，了解华侨的爱国精神。"高东辉说。

【作者】《人民日报》刘佳琳

【来源】《人民日报》（海外版）

"侨批中的党史"为何广受关注

> 家国情怀寄尺素,赤子丹心映荣光

在中共江门市委宣传部的策划下,"侨批中的党史"以丰富的内涵、创新的解读、新颖的形式呈现在读者眼前,开辟了侨批活化的新领域,提供了党史研究的新视角,受到许多媒体的报道,学界也给予很大的关注。

当前,全国各地正全力开展特色鲜明、形式多样的党史学习教育。"侨批中的党史"精心选取当地独特的文化资源,将其置身于百

年党史坐标中进行观察和解读,通过全媒体形式的创新表达,让文物"活"起来,把教育"融"进去,让思想更好"悟",把精神"传"下去,为党史学习教育的开展进行了有益的探索。

以史鉴今,更启未来。"侨批中的党史"见证了中华民族的苦难与辉煌,折射了百年大党的伟大成就,彰显了华侨华人的爱国精神,让人们在今天仍然能够从中汲取智慧,为新征程上同心同德共圆中国梦提供了更强大的精神力量。

坐标

百年初心历久弥坚,百年征程波澜壮阔。

一百年来,中国共产党牢记初心使命,坚定理想信念,团结带领中国人民从积贫积弱、四分五裂中崛起,中国实现了从站起来、富起来到强起来的伟大飞跃。

在这部写入中华民族、人类文明发展史册的恢宏史诗中,广大华侨华人书写了光辉的篇章。长期以来,一代又一代海外侨胞,秉承中华民族优秀传统,不忘祖国、不忘祖籍、不忘身上流淌的中华民族血液,热情支持中国革命、建设、改革事业,为中华民族发展壮大、促进祖国和平统一大业、增进中国人民同各国人民的友好合作做出了重要贡献。

江门是中国侨都，祖籍江门五邑的华侨华人遍布全球，他们素有爱国爱乡、报效家国的优良传统。近代以来，面对国家蒙辱、人民蒙难、文明蒙尘，五邑华侨华人以其强烈的爱国热情和民族责任感，为民族独立、人民解放、国家富强奔走四海、奋力鼓呼、英勇斗争，留下了众多青史留名、可歌可泣的故事。尤其是在中国共产党成立以后，五邑华侨华人积极投身参与中国共产党领导的新民主主义革命、社会主义革命和建设、改革开放和社会主义现代化建设中来。从促进马克思主义在五邑乃至广东地区的传播到投身大革命洪流，从积极参加抗日战争共赴国难到参加人民解放战争反对国民党的独裁统治，从支持新中国的建设到融入改革开放时代大潮，他们在中华民族复兴伟大事业中写下了精彩的一页。

在党史学习教育中，如何在完成规定动作基础上做好自选动作，从而更具特色、更接地气？从自身地域实际出发，以五邑华侨华人为对象，讲述好百年党史中广大华侨华人与中国共产党的故事，是江门开展党史学习教育的重要思考方向。独具特色、素材丰富，能够串联历史、现实乃至未来的侨批，当之无愧成为讲述这一故事的最佳载体。

侨批是一种信件、汇款单合一的邮传载体，被誉为"岭南敦煌文书"，在江门五邑地区更多被称为"银信"。江门的侨批以其数量多、历史跨度长、覆盖范围广、内容丰富等特点，在世界记忆遗产保护中具有重要地位，成为江门不可多得的"国宝级"文化资源。

五邑侨胞历来关心关注家乡和祖国的发展。作为他们与家乡常态联系的家书，侨批承载了华侨华人爱国爱乡的真挚情怀，记载了其与祖国同呼吸、共命运的点点滴滴。中国共产党带领中国人民近百年来取得的伟大成就，在五邑华侨华人寄给家乡亲人的侨批中，有许多直观的反映、多重的映射，其内容之广、感情之真、角度之多，为江门开展具有特色的党史学习教育提供了丰富的素材。

在中国著名的五邑侨乡，运用特色的侨乡文化资源"侨批"来创新解读、观察华侨华人与中国共产党同心共圆中国梦的故事，具有特殊的意义。它不仅从侧面折射了百年征程中国内的沧桑巨变，也从身居国外的华侨华人以亲历者视角，提供了国家富强使他们自信自豪的佐证。

值此百年节点，贯穿历史逻辑和现实逻辑，"侨批中的党史"系列策划，应时而生，恰逢其时。

见证

在党委政府部门、五邑大学、民间藏家、媒体的通力合作下，随着挖掘、研究、解读的不断深入，以理论研究为基础，以全媒体产品为形式，"侨批中的党史"的独特价值更加显现。

从侨批出发，我们看见了五邑华侨华人为了中国革命而进行的英勇斗争。

五邑华侨华人博物馆的收藏室内，一封寄往英国的银信让人窥见昔日香港地区工人运动一角："自此次罢工风波之后，在英人方面其态度略见和平，至于在港奸商以卖国之徒，亦见下气。""倘能从此做去再进一步，则我中国未可限量也。"

银信中所提及的"罢工"，正是在中国共产党领导下的反帝爱国斗争之一。20世纪20年代，中国共产党组织领导了香港海员大罢工、省港大罢工等工人运动，打击了帝国主义的气焰。江门历来与港澳联系紧密，五邑籍的陈权、冯燊、林锵云、禤荣等人积极参与上述运动，当时的江门地方党组织也组织民众支援，有的深入前沿宣传，有的走街串巷募捐，有的慰劳安置工人，在中国工人运动史上留下了重要一笔。

见微知著。事实上，在新民主主义革命进程中，五邑华侨华人始终坚守爱国之心。怀抱报国之志，他们或加入中国共产党投身革命事业，或在战场上冲锋陷阵奋勇杀敌，或捐资捐物共救国难，或四海奔走为抗战和反对独裁统治鼓与呼，为新民主主义革命的胜利做出了重要的贡献。

从侨批出发，我们看见了五邑华侨华人参与社会主义建设的满腔热忱。

1959年底，回国观光后深受触动的江门华侨梁葆常，把在加拿大的资产全部转回国内，支持新中国建设。他在写给儿子的信中兴奋地说："结束了可悲的海外生涯，回来光明康壮（庄）的祖国了！"尽

管回归之路不顺,"许多人未同意我的见解,但我用行动来参加了革命队伍"。

赤子丹心,其诚可鉴。如梁葆常在侨批中所言,新中国的成立,让广大五邑华侨华人期待不已,再次激发他们满腔的爱国热情。为了使满目疮痍、百废待兴的祖国尽快走向富强,以司徒美堂为代表的五邑华侨华人不顾列强封锁,或抱着建设新中国的良好愿望,毅然放弃国外优越的生活条件回国效力;或坚持与祖国进行贸易,缓解大陆物资匮乏的局面;或支持和配合新中国的外交活动;或积极投资家乡、祖国促进实业发展,为新中国政权巩固和社会主义建设做出了重要的贡献。

从侨批出发,我们看见了百年历程中人民和民族命运的根本改变。

鸦片战争后,中国逐步成为半殖民地半封建社会,处在列强入侵、军阀混战、国家贫弱、生灵涂炭的境地,人们生活在水深火热之中,当家做主无从谈起。中国共产党成立之后,人民的命运、民族的命运、国家的命运,从此开始改变,最后"换了人间"。这在广大华侨华人心中留下了深刻的印象,国家地位的改变给他们带来的自豪感在侨批中也得到反映。

美国华侨谢汝健曾经带回一批家族侨批,在这些侨批中,可以体会到华侨对新中国的自豪之情:"现我国国际地位,已居强国之一,比以前政府不同。今日的政府,真正系为大众谋利益。"

新、旧政府的对比,也让祖籍江门的菲律宾华侨伍尚厚感同身受。与旧时期民族工商业发展步履维艰形成鲜明对比的是，新中国成立初期，随着国民经济的恢复，他所投资的企业——岭南化学工业厂迎来新生机。

"以前数年所亏折亏之资，本年可赚（赚）回仍有余也。"他在一封侨批中写道，"今日我厂之职工亦一样以前之职工，同是工作，而旧时亏本，今日赚（赚）钱，且我们工人之工薪能提高，胜过以前甚多，此是得到良好之政府指导有以至之。"

从侨批出发，我们看见了五邑华侨华人代代相传、始终如一的爱国情怀。

梁葆常回国后，对新中国未来的发展更加充满信心，他在信中鼓励教育儿子梁汉超："困难感肯定是有的。但从六亿五千万人口着想，和共产党人以身作则的优良作风，困难感就很快消失了。"这种精神一直影响着梁汉超，"父亲去世前仍在嘱托我要为祖国的发展贡献自己的力量，才不枉此生。这一直激励着我发奋向前，做出更多的成绩。"

而满怀赤诚爱国心的旅美华侨许满大在贫病交迫落魄异邦时，仍牵挂着祖国，并写信寄语其儿女"同心合壹（一），加倍努力，为国、为家、为人民公众后世子孙之乐园而斗争"。

红色基因代代传承，爱国之心始终如一。自鸦片战争之后，大批五邑先民漂洋过海、拼搏进取，但无论居于何时何地，他们始终心系祖国，言传身教，嘱托后代不忘爱国情、报国志，拳拳之心令人动容。

力量

时过境迁,如今华侨华人已很少使用"侨批"来联系故乡,侨批大都作为藏品收藏在博物馆里。泛黄的纸页,无声地诉说它曾见证的昨天。

如今,江门用图文、视频、海报、H5、文创、活动等多种形式,推动侨批从博物馆里"走"出去、"活"起来,走向社会、走向大众。

此时,这些家书的意义不仅是见证昨天,更可以观照今天,让我们感叹大党之伟、国家之变、人民之幸、丹心之坚,从而激发内心更强大的精神力量,走向更加光辉灿烂的明天。

深读"侨批中的党史",我们要更加坚定走向伟大复兴的自强自信。

一百多年前的中国,战乱频仍、山河破碎,身处海外的华侨华人哪有尊严地位可言,留给他们的大多是屈辱的记忆和苦难的生活。他们无日不盼望着民族独立、国家富强,及至新中国成立之后热烈憧憬"祖国今日之局势将定必向荣""强大的、自由的、独立的、幸福的新中国屹立在世界之上"。

如今,经过一代代人的接续奋斗,中国的经济实力、综合国力已大幅提升,人民生活从温饱不足走向了全面小康,国际地位和影响力显著提高,迎来了从站起来、富起来到强起来的伟大飞跃。

今日之图景,已经达到甚至超过大多数华侨华人当年之憧憬,足以告慰心系祖国、报效桑梓的海外游子；百年之实践，中外之对比，证明中国共产党团结带领中国人民走出的道路是正确的，民族复兴的前景是光明的，我们要更加坚定"四个自信"，争取中华民族的更大光荣。

深读"侨批中的党史"，我们要更加坚定传承爱国爱乡的精神内核。

回顾历史是为了走向更好的未来。透过"侨批中的党史"，华侨华人爱国爱乡的精神光芒代代传承、依然闪耀。

无论是"用行动来参加革命队伍"的决绝还是"为国、为家、为人民公众后世子孙之乐园而斗争"的专注，片片侨批之间，五邑华侨华人的爱国情怀跃然纸上，令人动容。

自漂洋过海"闯金山"之始，无论身处怎样的艰难困苦，五邑华侨华人总是心系祖国、情系桑梓，从捐资捐物到奋勇杀敌，从摇旗呐喊到投资兴业，他们在中华民族伟大复兴的进程中留下了侨乡的印记。在侨批里面一个个动人的故事中，我们要更加领悟拼搏进取、爱国爱乡、开放包容的华侨精神，传承红色基因、赓续精神血脉，凝聚起奋进新征程中的共同力量。

深读"侨批中的党史"，我们要更加坚信中华儿女大团结的光明前景。

团结是铁、是钢，团结就是力量。回望百年奋斗历程，观照五邑侨胞作为，可以清楚地感受到，在中国革命、建设、改革进程中，

党始终把统一战线摆在重要位置,团结广大华侨华人,有力推动了国家、民族、人民的百年巨变,彰显了中华儿女大团结的世纪伟力。

今天,深读侨批中的党史,我们更加深刻地认识到,团结统一的中华民族是海内外中华儿女共同的根,博大精深的中华文化是海内外中华儿女共同的魂,实现中华民族伟大复兴是海内外中华儿女共同的梦。共同的根让我们情深意长,共同的魂让我们心心相印,共同的梦让我们同心同德。要坚持爱国统一战线这一法宝,努力寻求最大公约数、画出最大同心圆,形成海内外中华儿女心往一处想、劲往一处使的生动局面,汇聚起实现民族复兴的磅礴力量,走向更加灿烂辉煌的明天!

【作者】《南方日报》沈文金

【来源】《南方日报》

活化珍贵记忆
赓续时代精神

侨批（江门五邑地区称之为"银信"）是"跨越山海的家书""穿越时空的记忆"，是海外华侨连接家人、家乡、祖国的核心纽带，传承着侨乡丰富的民俗文化，涵盖了侨乡人民物质生活和精神生活各个层面。

2013年6月，广东省和福建省两地16万件侨批共同成功申报《世界记忆遗产名录》，其中，15万件来自广东，里面的5万件出自江门。

近年来，江门市大力挖掘、保护、研究和弘扬侨批文化，讲好侨批故事，让侨批在新时代焕发新生机。7月23日在广东省博物馆揭幕

的"家国情怀寄尺素"——江门五邑侨批（银信）专题展展示了侨批（银信）的丰富文化内涵和重要价值，传播侨批文化，展示了海外华侨顽强拼搏的精神和深厚的爱国、爱乡、爱家人的情怀。

深度参与，为侨批保护利用贡献力量

近年来，江门市深度参与侨批档案的挖掘、保护与研究工作，积极为侨批保护利用贡献力量。

2008年开始，江门市组织人力，对全市侨批档案进行统计整理，参与申报世界记忆遗产工作。2013年6月，侨批成功申报《世界记忆遗产名录》。五邑大学张国雄教授、刘进教授主持起草撰写的申遗文本《侨批档案：海外华侨银信》于2015年获得广东省哲学社会科学优秀成果一等奖。五邑大学学者起草的省政府规章《广东省侨批档案保护管理办法》，使广东省侨批保护迈入法治化轨道。

江门持续征集、整理侨批档案。截至目前，五邑大学广东侨乡文化研究院完成6000件银信的整理、3000余件银信的数字化加工。江门市博物馆已完成七成馆藏侨批档案的数字化加工。江门出版了《台山银信》《五邑银信》《银信与五邑侨乡社会》《江门五邑侨汇档案选编》等一批研究著作和侨批史料汇编。民间收藏家李柏达编著的《世界记忆遗产：台山银信档案及研究》夺得"2019世界集邮展览"大银

奖，著作《古巴华侨银信：李云宏宗族家书》获得"2019首届粤港澳大湾区集邮展览"镀金奖等。

江门关于侨批档案的研究引起国际学界关注。2013年和2016年，两次在江门召开的"国际移民书信研究"国际学术会议，邀请世界上研究其他民族国际移民书信的专家学者与研究侨批的华人学者研究国际移民书信问题，使侨批研究为国际上非华裔学者所关注。

追求创新，多维度探索侨批活化路径

江门市台山端芬镇海口埠的银信博物馆除了大批银信实物外，还陈列着不少文创产品供游客选购。文创产品包括以银信形象为蓝本设计的明信片、笔记本、帆布袋、陶瓷杯等。不少游客一进博物馆，就被这批文创产品吸引。

在利用侨批文化创作文创产品方面，江门各地博物馆的文创部门都做了很多尝试。江门首部原创华侨故事卡通片《华哥与侨妹之信守望爱回家》以"五邑侨批"为媒介，绘声绘色地讲述了近代华侨先辈漂洋过海、艰苦创业、报效祖国的感人事迹，生动形象介绍了五邑本土的侨乡文化、本土方言以及美景美食。江门开平市博物馆在馆内利用银信元素，引入社会力量共同开发文创产品。江门市博物馆积极拓展侨批"朋友圈"，引入潮流包装，从侨批信封、书信等可视的物质

文化符号中提炼艺术设计的视觉符号与设计语言，并融入时代性、艺术性、创新性的文创手法，通过开发侨批利是封等文创产品，活化并传播侨批文化。

在城市建设中，江门也积极融入侨批文化元素，让城市文化与侨批文化更好地融合。位于南粤古驿道的台山银信纪念广场上20根柱子打造的银信柱阵特别吸引眼球。银信柱统一使用八面设计，用648片烧制的银信瓷片，按照不同主题，如劳工、留学、抗日、爱国、教育、科技等内容分类展示银信文化，成为文化旅游的热点、打卡点。

深挖内涵，宣传中华优秀传统文化

一封侨批，一份思念，字词虽短，却见字如面。侨批展现了华侨华人热爱故土、守诚笃信、艰苦奋斗、自强不息的精神。

近年来，江门通过深挖侨批背后故事，激活了侨胞对家乡的永久记忆，更好地宣传中华优秀传统文化，增强文化自信。

为庆祝中国共产党成立100周年，挖掘侨批中的党史，2021年5月起，中共江门市委宣传部策划推出了"侨批中的党史"全媒体报道，组织中央、省、市媒体走进五邑侨批，从一封封侨批里，深入解读五邑籍华侨华人与中国共产党的关系，反映他们在中国共产党发展史上的积极贡献，展现中国共产党带领人民走过的波澜壮阔的奋斗历程，受到广大读者的热捧。

2021年4月9日至5月9日,"家国情怀寄尺素"——江门五邑银信(侨批)专题展在北京中国华侨历史博物馆举行。展览上,"诚信信使——巡城马""目前发现的江门五邑地区最早银信""百年前夫妻间浪漫的爱情表达方式——满满相思心形银信""华侨家庭的爱国传承——张炳联、张益民"等讲述侨批中承载的家风、诚信、爱国等系列故事,不仅吸引着专业人士,更吸引了众多慕名而来的首都基层群众和学生。

活用侨批,讲好湾区故事、中国故事

2021年4月28至29日,"家国情怀寄尺素"——江门五邑银信(侨批)北京专题展采用普通话、广府话、客家话和英语四种语言,通过东南网、华人头条、台海网、直播江门App等平台,向海内外讲述江门五邑银信(侨批)里的家国情怀。两天的直播吸引了海内外近450万人次"围观"。

展览引发了旅居海外乡亲的思乡之情。"突然想家了""今年不能回国,能看到这些故事很开心"……一些海外观众在直播间留言时说。

展览也让观众感受到中国的今昔变化。网友"情空殇"在直播间留言表示,回顾和牢记老一辈华侨艰难的拼搏史、创业史,更加珍惜今天的美好生活。

侨批维系着广大华侨华人的民族心、家国情。近年来,江门以侨批为纽带,讲好湾区故事,讲好中国故事。

2015年8月,"金山伯的荣耀——近代江门五邑侨汇展"首站在中国钱币博物馆(北京)开展。近年来,该展览陆续在全国巡展,先后走进武汉、广州、山西、云南等地,巡展10余次。江门市博物馆近年来在香港、澳门举办的专题展览中也均有侨批部分。

2018年至今,江门台山市举办的"知台山晓文明——银信传情接力台山"活动,来自该市各学校的学生代表已向世界各地邮寄出3500多封新"侨批",向世界讲述祖国和家乡的新变化。同时也收到了从世界各地邮寄回来的书信3000多封,增强了江门与海外华侨华人的联动。

未来,江门将继续加强研究、深入挖掘,精心包装、广泛传播,通过组织高规格研讨会、开发文创产品、创排文艺精品、策划专题巡展等方式挖掘侨批的人文精神,为侨批注入时代精神,让侨批焕发人文光彩。把侨批作为筑牢华侨"根、魂、梦"的精神符号,作为树立城市形象的"文化名片",推动侨批走出江门、走出国门,努力让侨批在海内外文化交流互鉴中"亮起来",推动江门在粤港澳大湾区文化圈建设中"强起来",为江门奋力打造珠江西岸新增长极和沿海经济带上的江海门户做出宣传文化贡献。

【作者】《江门日报》严建广

【来源】《江门日报》

司徒美堂的公开信与华侨政治选择

1948年10月,司徒美堂在香港报纸上发表了《司徒美堂拥护中国共产党召开新政协的声明》,这是他给社会各界特别是海外侨胞和洪门人士的公开信,鲜明表达了自己的政治态度和立场,也是当时海外侨胞人心所向的一个缩影。

司徒美堂曾是孙中山先生和国民党的追随者。他对蒋介石的认识也有一个过程。从最初的期待到逐步接触了解,到有所不满,但却始终抱有幻想。

长期以来,共产党始终没有放弃对其工作。从他1941年回国受困

香港时,党组织积极组织营救;待历尽风险到达重庆后,他看到了国民政府的腐败,对自己只是虚与委蛇,而周恩来、董必武等中共领导人的热情、坦诚也让他对中共有了了解和同情。1946年,司徒美堂到达重庆时,好友陶行知的突然病逝对其震动很大,这使他与共产党的接触更多,并一度表现出很高的参政意愿,谋求在国民党和共产党之外,走出第三条道路。而蒋介石丝毫不给他机会,只给一个国民大会代表名额,使其生计一度成为问题,他深感失望、迷茫和愤怒。

1949年中共"五一口号"发布后,司徒美堂的思想发生了激烈斗争。在8月1日以洪门耆老身份发表的声明中,虽然表达了反对国民党独裁的立场,但对中共"五一口号"并未正面回应。面对自己政治愿景难以实现、在国民党独裁面前四处碰壁、海外声望受损的情况,终于在10月18日发表了公开信(到达美国后的10月30日公开见报),并由衷提出了《上毛主席致敬书》。至此,司徒美堂终于做出了自己的政治选择——中国共产党,也成为华侨认同共产党、选择共产党、拥护新中国的历史进程缩影。

【作者】中国华侨华人研究所所长张春旺

华侨华人与中国共产党三大历史事件

习近平总书记指出:"建立中国共产党、成立中华人民共和国、推进改革开放和中国特色社会主义事业,是五四运动以来我国发生的三大历史事件,是近代以来中华民族伟大复兴的三大里程碑。"回顾百年党史,党领导全国各族人民,团结广大华侨华人,共同书写了百年历史的精彩华章,共铸世纪辉煌。

马列主义传入中国与工人运动相结合诞生了中国共产党。马列主义通过日本、俄国和欧洲传入中国,海外华侨和中国留学生是重要传播者。共产国际来华帮助创建中国共产党期间,俄国华侨杨明斋等都

参与联络沟通,为建党做出了特殊的贡献,书写了华侨与党的创建史不可或缺的一页。

抗战期间,广大华侨毁家纾难、报效抗战,为抗战胜利做出巨大贡献。战后蒋介石国民党违背国人和华侨愿望悍然发动内战。华侨与中国共产党风雨同舟,积极声援,参与中国共产党领导的推翻国民党反动统治的斗争。其中以陈嘉庚和司徒美堂等为代表的杰出侨领积极参与新中国的建设,在中国共产党的百年征程中作出独特贡献。

改革开放后,邓小平开创侨务工作的新局面,华侨华人掀起支援改革开放事业新高潮。华侨华人积极推动党领导的改革开放大业,共同书写中国特色社会主义辉煌篇章。进入新时代,在习近平侨务工作重要论述的指引下,华侨华人同圆共享"中国梦",推动"一带一路"建设,致力于构建人类命运共同体。

【作者】中共党史和文献研究院任贵祥

新中国着力保护侨汇的政策

新中国成立初期，曾经出现损害侨汇所有权的情况。其主要原因在于中央政府的保护华侨和侨汇的政策不能完全被执行。某些基层干部和群众对华侨和侨汇存有误解，错误认为华侨的钱都是剥削所得，认为海外华侨都是资本家。针对存在损害华侨利益的问题，1955年2月，周恩来总理签发了《中华人民共和国关于贯彻保护侨汇政策的命令》。随后，针对基层干部和普通大众对侨汇的意义和国家保护侨汇政策认识不足的问题，中共中央宣传部印发《关于保护侨汇问题宣传内容的几点意见》，以通俗易懂的语言，生动细致地解读了国务院关

于贯彻保护侨汇政策的命令,向基层干部和普通民众宣传和解释国家保护侨汇的重要意义,推进了侨汇政策的贯彻执行,是今天解读当年中国政府对侨汇的认识的两份关键文件。

【作者】中山大学历史学系教授、东南亚研究所所长袁丁

侨汇对改革开放后
广东的经济和社会意义重大

侨汇对侨属和侨乡一直具有重要的意义,但不同时期侨汇对侨属和侨乡的作用、形式稍有不同。侨汇在侨属手中首先是消费,其次才是生产。改革开放后,面对资金、技术、人才的发展瓶颈,广东侨属在国家政策扶持下,利用侨汇发展侨属企业,从此开启侨属企业20年发展的黄金时代,至2000年,全省侨属企业达5万家,员工70余万人,企业总资金280多亿元。侨属企业一般指归侨、侨眷利用侨汇、外汇存款及国外亲属赠送的物品兴办的企业。基本上分为农副业与加工业两大行业,在地理分布上,山区侨乡以农副业为主,珠江三角洲

侨乡以加工业为主,侨属企业成为广东侨乡经济中富有特色的组成部分。侨属企业的经济意义首先是促进了侨乡的工业化进程,广州增城新塘镇和汕头潮阳谷饶镇等新兴服装生产中心的形成就是例证;其次是促进了侨乡的农业商品化进程,如梅州侨属创办了许多小庄园,发展经济作物。侨属企业的社会意义首先是在某种程度上改变了侨属的生活方式,侨汇产生了造血功能;其次是大大加强了海外华人与侨属的联系,侨属与海外亲人的关系得到改善和巩固,进一步拓宽了海外华人与广东侨乡的联系渠道。

【作者】暨南大学国际关系学院、华侨华人研究院教授张应龙

从侨批透视广东侨乡
贯彻党的侨汇政策的地方实践

新中国成立初期,由于对新政权及其所执行的侨汇政策不甚了解,加上蒋介石集团在海外华侨华人社会中散布各种不实谣言,海外华侨华人对汇款回国内,采取了推迟、观望的策略。不少海外华侨华人在寄回家乡的银信中表达了对侨汇是否能够顺利抵达侨眷手中,能否为侨眷所使用的忧虑,因此,仅采用小额汇款或推迟汇款的策略来应对时局变化所带来的影响。

随着我党和人民政府保护侨汇政策的出台和实行,四邑侨乡地方人民政府积极主动地与归侨、侨眷和海外华侨华人沟通和联系,不仅

积极宣传党和国家保护侨汇的政策，消除误解，辟除谣言，动员海外华侨华人继续寄回赡家性侨汇，还发动海外华侨华人以侨汇投资入股的方式，积极投身新中国的侨乡经济建设，取得了一系列可喜的成绩。

以黄洁、陈厚父等为代表的一批海外华侨纷纷回国，参加新中国的建设。他们号召海外华侨和广大归侨侨眷，将寄归的侨汇，集资入股，成立华侨公司，推动了新中国四邑侨乡社会经济建设的快速发展。

【作者】五邑大学广东侨乡文化研究院教授石坚平

父亲梁葆常先生的爱国爱党情怀

> 童稚少年——血与火的启蒙

我父梁葆常先生生于清光绪戊戌政变之际,慈禧专权,国家革新无望,嗣后更彻底地陷入了深重的半封建半殖民地的悲惨境地。孙中山辛亥革命成功,翌年就被迫让位于袁世凯,国家又陷入军阀混战之中,15岁的父亲决心出国,不仅是为了"口食",还怀揣着也许能为国家出点力的念想。

海外劳工——奇耻的生活

华工生活是我父亲每回忆起就"心肠寸断"的"非人生活",是"千世万代不能忘的华侨痛苦(史)"(引号内都是我父亲家信中语,下同)。

他在加拿大参加了孙中山主张实行"三大政策"的国民党,但蒋介石为首的"那群入寇国民党违反孙中山主义的匪徒们"叛变革命,我父亲参加了与当地"匪徒们"的激烈斗争,被开除国民党党籍。

一心向党——必然选择

从历史到现实,我父亲认识到只有中国共产党才能救中国!

我父迁居鲁伯特太子港后,由于勤奋、手艺好,所开设的裁缝店业务发展,又经营了餐馆和旅业,担任中华商会会长,华侨联会主席和抗日会会长等职务,在团结帮助当地侨胞的同时,努力动员侨胞为八路军捐款,支持海外进步报刊,宣传新中国政策,协助华侨青年回国参加建设等。父亲的作为,被人诬为搞"赤化",父亲一律置之不理。

"天亮了"——回国参观定居

衡阳解放后，我父于1949年8月来信，欢呼"天亮了"，欢呼祖国即将解放，文中充分表达了他对共产党的感激和热爱，对祖国的前途充满信心！

1957年我父母回国参观，对祖国崭新面貌十分振奋！

1959年父亲结业返国，将全部资产用于购置室居、投资、捐款，担任广州市侨联副主席等职务，全身心投入到侨务工作中，实现了他"用行动来参加革命行列"的多年念想。

坚定信念——矢志不移

从我父亲的来信和与我交谈中，我明白了他对共产党和国家的信念来源于"那数十年的斗争中"内心的理解和感悟。

我父亲在1949年的来信中表达出他对中国共产党领导核心和共产党人的无比敬佩，形容他们是"那群受尽人间所有苦难的知识者群"的主角，从党诞生之日起，共产党人的斗争每时每刻都是与艰难困苦、浴血牺牲、生离死别联系在一起，他们是能将马克思主义与中国现实相结合，最有勇气和有担当、有智慧、有能力的中华民族优秀的"知识者群"。党的光辉历程我父亲看得很清楚，他对我说："几十年来，

人民的所思所想，就是共产党的所作所为，这就是人民的党，是全心全意为人民服务的党。在共产党领导下实行的才是真正的民主。"

在三年困难时期的1960年，他来信说："困难肯定是有的，……困难感就很快消失了。"他常戏言他的投资公司利息收入比毛主席工资还高啦，不合理。

"大跃进"和人民公社化运动带来了不良后果，他说："中国人口多，底子薄，都想把国家搞快一点，有时，失误难免，吸取教训就是了。"

"文化大革命"时期，父亲因参加过"扶轮社"等西人活动，曾被审查，他并不介意。林彪事件之后，他说道："中国共产党是经过几十年奋斗出来的党，久经考验，根深叶茂，只要坚持为人民服务宗旨不变，任何错误都可以纠正过来。"

1972年2月1日，我父亲做胃大出血手术前，对我临危赠言，就一句话："文芳！（我的乳名）继续为人民服务吧！"这是对我人生路上最大的鞭策和鼓励，我永生不能忘，也不会忘！

后辈的责任

我24岁才见到父亲，但他的来信和言行对我的立志立行影响很深。新中国成立后，我满怀热忱地投入改造旧中国、建设新中国的行动中。1950年2月入团，1951年9月参加广州市的民主改革运动，1952年9月入读大学，1956年5月入党。因工作需要，先后在北京、南京、深圳、广州等电力单位负责科研、建设和管理等岗位的工作，自认还能勤廉自律，敬业尽心，较好地完成了任务，1998年10月退休。

父亲的一生言行和追求始终是我精神上的滋养，念念难忘！

对于后代，我希望他们不管身处何方，都不要忘记自己是中华民族的一分子，要为中华民族复兴出力。

【作者】加拿大侨领梁葆常先生儿子梁汉超

从侨批中寻找华侨
与新中国的故事

一个偶然的机会,从别人手里购得一封1950年由谢永宽写给厚父的信件。第一印象就是谢永宽这个名字很熟悉,查找资料才知道他就是新中国成立后台山县第一任县长,可以说这是属于名人的书信,去信的对象是一名叫"厚父"的先生。一般说到侨批书信,自然会有一个问题,只有一页信纸,那究竟这位厚父是什么人?收到信以后有没有回信?他又身处哪里?背景又是怎么样?虽然是一页信纸,但是涉及的内容非常丰富。在信中谢永宽提到"会中详细情形经编印特刊寄发海外报纸发表,料《纽约华侨日报》亦登载,恕不赘述"。由此可见，厚父先生是一名纽约华侨。此外"希先生在处与热心侨胞商量，迅速普遍招股（每股港币十元）"，此处可知，厚父先生可能是当地比较著名的侨领，而且由县长亲自写信可以看出，他在纽约华侨界影响力大。通过翻阅资料，的确有一位这样的五邑华侨，他就是陈厚父先生。陈厚父先生出生于1900年，系台山籍美国华侨，早年参与纽约华侨衣馆联合会，成立和创办《纽约华侨日报》。纽约华侨衣馆联合会为同业侨胞和祖国人民做了大量的有益工作，除了通过宣传和发动华侨捐款支援祖国的抗战以外，1949年10月9日率先在纽约升起美洲大陆第一面五星红旗。为了拥护新中国，陈厚父先生发动侨胞投资，捐款参与新中国建设。此外陈厚父先生在20世纪50年代初就从美国回到祖国定居，先后担任台山县副县长、台山县政协副主席。除了积极参政议政外，陈厚父先生还参与创办台山县华侨中学，这是新中国成立初期五邑侨乡最早建立的一所华侨中学，也是广东省最早的华侨中学之一。陈厚父先生一生都为了祖国发展贡献自己的力量，力尽赤子之情，他爱国爱家爱乡的故事是众多五邑华侨的缩影，值得我们永远学习和传颂。

【作者】广东江门民间侨批收藏家罗达全

党史侨批(银信)
是我的最爱

我从事收藏五邑华侨文献文物特别是侨批(银信)大约有十多年了。我为什么会喜欢上收藏侨批(银信)?一是我自己从事出国翻译工作,日常了解到海外华侨经历,对他们的历史很感兴趣;二是我出生在侨乡台山,我家族中很多长辈、同辈和晚辈都是华侨,我知道他们许多故事,但我还想知道更多华侨的故事;三是我曾经到加拿大留学、到美国探亲,本想到国外发展,但出去后才知道华侨们的实际生活,认识到美国、加拿大并非天堂,还是自己的国家好。

阅读收藏侨批(银信),我感觉信中内容除了问候家里人,讲述海外工作艰辛，希望在家里的亲人，特别是父母、太太、子女能够节约用钱，努力读书，好好学习，天天向上等内容外，在众多的侨批（银信）当中也有一些是谈论到在海外华侨传奇的创业史，从这些信的字里行间可以感受到海外创业的艰辛和拼搏的精神，表达着爱国、爱乡、爱家的真挚感情。在台山民间文物市场上，华侨文物有很多很多，我收藏主要是有特点的侨批（银信），其中信中谈及爱国、爱乡大事的那些侨批（银信）是我最喜欢的。比如谈到为国家和家乡捐款的，记载重要历史事件的，赞扬共产党和新中国的，这些书信也是卖得最贵的。有时候看到乡下老宅里的书信被老鼠咬烂了，被虫蛀了，我就想办法把这些书信买下来。

这次在"侨批中的党史"全媒体报道中，有我提供的华侨书信资料，说明我平时注重收藏华侨华人和港澳同胞的华侨文献的路子是对的，我为此感到自豪，今后我将继续挖掘这方面的华侨书信。

【作者】江门市民间侨批收藏家关翌春

后 记

"'侨批'记载了老一辈海外侨胞艰难的创业史和浓厚的家国情怀,也是中华民族讲信誉、守承诺的重要体现。"习近平总书记强调,要保护好这些"侨批"文物,加强研究,教育引导人们不忘近代我国经历的屈辱史和老一辈侨胞艰难的创业史,并推动全社会加强诚信建设。江门是侨批研究的重镇,是海外华侨华人观察广东乃至中国的重要窗口,530多万五邑籍港澳台同胞和海外侨胞遍布世界145个国家和地区,让侨批文物走出了"深闺","开口"讲侨都故事,具有重大的政治意义、理论意义、历史意义和现实意义,也是江门人义不容辞的责任。

2020年10月,习近平总书记在广东视察时对侨批保护做出的重要指示精神,让这个"老物件"焕发出新时代的光芒,为侨乡保护、挖掘、活化侨批指明了方向、提供了根本遵循，也极大地激发了江门人研究、活化侨批的热情。中共江门市委宣传部迅速行动，率先在江门成立侨批研究院、举办侨批活化研讨会、创排侨批舞剧、开展侨批全球征集活动等，这一系列活动掀起侨批研究活化新热潮。2021年，借助党史学习教育契机，在全国首创开展"侨批中的党史"研究行动，推出了16个"侨批中的党史"故事，赢得了干部群众、专家学者和华侨华人的一致好评，也为侨批文化创造性转化、创新性发展探索了一条新路子。2023年，我们决定将近年来挖掘出来的侨批党史故事和相关研究成果集合成书，出版《侨批中的党史——江门侨批活化探研》，在总结经验、思考探索的基础上，进一步梳理和固化各项工作成果，让更多人深入了解广大江门籍华侨华人在革命、建设、发展过程中始终心系国家，与中国共产党同呼吸共命运的真实故事，唤起广大华侨华人共同记忆，更好增强中华民族共同体意识。

　　此书编辑完成后，我们深刻地感受到，侨批中的党史研究犹如一颗新培植的种子，破土而出，令人惊奇，充满希望，得到了广泛关注。感谢中央宣传部、广东省委宣传部领导，以及上级宣传文化统战系统有关部门和领导的大力支持，各级领导亲临侨批专题展览、侨批舞剧演出现场进行悉心指导，给了我们莫大的信心和鼓励。感谢侨史研究专家学者的专业意见和帮助，一些专家不远千里赶到广东，面对面点拨指导，为江门侨批活化走出一条守正创新之路贡献智慧和力量。我们也要感谢深耕本土的侨批研究专家，他们多年来默默无闻

地坚守，为江门侨批走出"深闺"打下了坚实基础。在侨批的整理挖掘中，许多人志愿参与，不计报酬、不辞辛苦，甚至捐献出了"压箱底"的传家宝，让我们深受感动和鼓舞。感谢广大媒体的大力宣传，"酒香也怕巷子深"，侨批从默默无闻到蜚声海内外，从躺在故纸堆里到"开口"说话，广大媒体功不可没。我们更深刻感受到，正因为有社会各界用心用情用力地加持，侨批文化才实现了快速转化、有效传播，江门这座城市才因侨批名片实现了"出位""出圈""出洋"。谨向所有给予本书关注、帮助和支持的各级领导、侨批专家、社会各界和有关单位致以诚挚感谢！

历史川流不息，精神代代相传。党的二十大报告指出，党用伟大奋斗创造了百年伟业，也一定能用新的伟大奋斗创造新的伟业。侨批是侨都江门弥足珍贵的文化瑰宝，是华侨历史文化的智慧结晶，踏上新征程，江门将把学习党史同总结经验、观照现实、推动工作结合起来，充分发挥侨都资源优势，对侨批内涵继续进行深入挖掘，弘扬光荣传统、赓续红色血脉，让文化遗产闪耀更夺目的光芒，不断坚定中国特色社会主义共同理想！

由于水平有限，加上时间仓促，不足之处在所难免，恳请广大读者指正！

中共江门市委宣传部

2023年3月